Ernst von Maercken zu Geerath

Springprüfungen und Geländeritte

VERO Verlag

Ernst von Maercken zu Geerath

Springprüfungen und Geländeritte

ISBN/EAN: 9783737200967

Auflage: 1

Erscheinungsjahr: 2014

Erscheinungsort: Norderstedt, Deutschland

Hergestellt in Europa, USA, Kanada, Australien, Japan
Vero Verlag in Hansebooks GmbH

Cover: Foto ©Karl-Heinz Liebisch / pixelio.de

Springprüfungen und Geländeritte

von

E. Freiherr von Maercken zu Geerath,

Oberleutnant im Schleswig-Holsteinischen Dragoner-Regiment Nr. 13.

Mit 185 Abbildungen.

Druck und Verlag von Gerhard Stalling, Oldenburg i. Gr.
Verlag des „Deutschen Offizierblattes".

Vorwort.

Springprüfungen und Geländeritte haben den reiter=
lichen Sport der Gegenwart frisch belebt. Obwohl in
Deutschland erst neueren Ursprungs, haben sie sich
schnell zum beliebtesten Teil unserer Concours Hippi=
ques entwickelt und es ist als sicher anzunehmen, daß sie sich auch
noch weiter vervollkommnen und ausbreiten werden.

Innerlich eng miteinander verbunden, stellen sie den jüngsten
Sproß der ewigen Mutter Reitkunst dar, von der beide Lebens=
kraft und Lebenssaft erhalten und in sich aufnehmen.

Obgleich sie sich in mancher Beziehung dem Jagdreiten, in
anderer Hinsicht zuweilen den bisherigen Distanzritten nähern,
bilden die Springprüfungen und Geländeritte dennoch ein so scharf
umrissenes Ganze, daß sich hier der Rahmen zu einer von völlig
neuen Gesichtspunkten ausgehenden Betrachtung öffnet.

Das vielfache Interesse für den neuen Sport, das sich auch
auf meine früheren Aufsätze in verschiedenen Zeit= und Tages=
schriften ausdehnte, hat mich daher zu dem Versuche ermutigt,
die Betrachtungen, die sich mir bei meinen Studien aufdrängten,
zusammengefaßt zu veröffentlichen.

Nicht, um die umfangreiche Literatur auf reiterlichem Ge=
biete um ein weiteres Werk zu vermehren, sondern lediglich aus
Passion und Überzeugung für den Sport, dem mein Bemühen
gilt, habe ich den undankbaren Schreibstift ergriffen.

Der Zweck des Buches ist reichlich erfüllt, wenn es ihm
gelingt, dem herrlichen Sport des Überwindens von Hindernissen
neue Freunde zu werben, alte aber zu erfreuen und anzuregen.

Eine größere Anzahl der Kapitel ist unter teilweiser oder ganzer Benutzung von früheren, im Deutschen Offizierblatt, den Kavalleristischen Monatsheften, dem Sankt Georg, Sport in Bild und der Sportwelt erschienenen Artikeln von mir verfaßt worden.

Allen, die mich durch freundliche Überlassung von Photographien in meiner Arbeit unterstützt haben, sei an dieser Stelle verbindlichst gedankt.

Metz, Winter 1910/11.

E. Freiherr von Maercken.

Inhalt.

Die Entwicklung des Springsports und sein Einfluß auf die Halbblutzucht.

Zu allen Zeiten sind hervorragende Sprungleistungen kühner Reiter bewundert und oft im Heldenliede verherrlicht worden; so der sagenhafte Rittersprung*), der sich in verschiedenen Gegenden wieder findet und tatsächlich in mehr oder minder übertriebenem Maße wirklich ausgeführt worden sein mag.

Oblt. v. Guenther (Adj. 30. Kav.Brig.) auf Qual
(Pommersches Halbblut).

Bekannt ist aus späterer Zeit besonders Seydlitz' Brückensprung**), der den großen König um seinen Liebling erzittern ließ.

*) Harrassprung bei Frankenberg, Fels am Zschoppautal im Harz, bekannt durch Theod. Körners Ballade.
**) Mit Bestimmtheit in Frankfurt a. O. anzunehmen.

Wenn wir uns heutzutage auch mit weniger waghalsigen Sprüngen begnügen, so kann doch der jüngsten Zeit nicht abgesprochen werden, daß erst ihr es vorbehalten war, die Begriffe über die Leistungsfähigkeit des Pferdes im Sprung im allgemeinen geklärt und das Überwinden mannigfacher und schwerer Hindernisse zu einem oft geübten Sport gemacht zu haben.

Es ist auch eine ganz logische Erscheinung, daß in einer Zeit, zu der die Hindernisse in Steeple Chases immer leichter

„Däumling", hannov. Halbblut unter Frau Willmer.

und rennmäßiger wurden und die hochentwickelten kulturellen Bodenverhältnisse des europäischen Festlandes es immer seltener zuließen, daß das Jagdfeld zu Pferd dem Wilde folgte, in dem Springsport sich ein gewisser Ersatz für das wagemutigen Reiternaturen unentbehrliche Element der prickelnden Gefahr herausgebildet hat. Voran in dieser Beziehung sehen wir Italien, dann Frankreich, Belgien und Schweden.

England, das klassische Land des Fuchsjagens dagegen bildet — wie wir später noch sehen werden — den Beweis, daß Springprüfungen doch eben nur ein Surrogat oder aber die Vorbereitung für ernstere Leistungen sind, wie sie die Jagd oder der Krieg erfordert.

Daß aber selbst England jetzt daran geht, trotz seiner herrlichen Jagden, die das britische Pferdematerial zum gesuchtesten der Welt gemacht haben, sich auch auf dem Gebiete der Spring=

Sprung über vier zwischen zwei Hürden stehende Pferde, ausgeführt von einem französischen Offizier auf der Reitschule von Saumur.

konkurrenzen seine etwas zurückgedrängte Position wiederzuerobern, darf als Zeichen dafür gedeutet werden, daß man doch auch im Dreiinsel=Reiche den Wert und die Bedeutung des Hindernis= springens neben dem Hunting anzuerkennen gelernt hat.

Daneben mögen es vor Allem praktische Gründe gewesen sein, die dazu geführt haben, bei den Pferdeschauen und hippischen Preisbewerben Springprüfungen als belebendes Element neben den Prämiierungen von Reit- und Wagenpferden einzulegen.

Endlich glaube ich auch nicht fehl zu gehen, wenn ich der Entwickelung des Polosports bei uns in Europa mit dem zugleich

Der 70jährige Rittmeister a. D. v. Lücken beim Hochsprung
in Dresden auf Mary.

beliebt gewordenen Gymkhanas und allerlei Sprungkunststücken einen Teil der Anregung und des Verdienstes zum Zustande- kommen der jetzigen öffentlichen Springprüfungen zuschreibe.

Das zu Springleistungen besonders geeignete Pferd oder gar das in Konkurrenzen erfolgreich gewesene Jagdpferd bildet heute eine besonders gesuchte und bezahlte Ware auf dem Weltmarkt.

Preise von 10 bis 20000 Mark und mehr für alte, aber hervorragende Springpferde sind im Auslande nichts Außergewöhn- liches und werden zuweilen sogar noch weit übertroffen.

Die Springprüfungen werden im Jahrhundert des Halb- blüters, das zweifellos jetzt begonnen hat, der gesamten Pferde- Edelzucht, eine neue, aussichtsreiche Zukunft eröffnen.

Hart aufgezogene, auf der Koppel eingesprungene, kräftige und im Blut hochstehende Halbblutpferde werden immer mehr verlangt und bezahlt werden und die Zeit ist nicht mehr fern, da wir mit in Deutschland gezogenen Pferden erfolgreich in den internationalen Wettbewerb treten können.

Keine Zucht kann aber ohne Leistungsprobe auf die Dauer bestehen. Ich habe die feste Überzeugung, daß nicht nur Klima und Boden allein daran Schuld haben, daß das englische und irische Jagdpferd bei uns bisher noch nicht in der gleichen Vollendung nachgemacht werden konnte, sondern nicht zuletzt die bei uns im Großen und Ganzen voll-

Fräulein H. E. Müller-Benecke.

ständig fehlende praktische Prüfung des jungen Halbblutpferdes auf dem schwierigen Boden des Jagdfeldes.

In England würde es keinem Menschen einfallen, einen Hunter zu kaufen, ohne ihn erst einen Tag lang hinter den Hunden gründlich ausprobiert zu haben.

Bei uns wird der sogenannte Hunter, der meist nach englischen Begriffen gar keiner ist, beim Händler nur besichtigt, gemustert, höchstens ein wenig vorgeritten und wenn er dann eine kleine Hürde oder niedrige Stange auf dem begrenzten Reitraume zu springen sich weigert, heißt es stets: „So etwas kennt er natürlich nicht, der ist nur die groben Natursprünge Irlands gewohnt!" —

Eine derartige Ausdehnung des Jagdreitens wie in England, wird bei uns stets zu den frommen Wünschen und Träumen

gehören, wohl aber kann ein ausgedehnter Concoursfport in
Deutschland einigen Erſatz inbezug auf Leiſtungsprüfung bringen.

Frau W. von Krieger
über einem Graben in Döberitz.

Je mehr durch die
Ausbreitung der Concours
hippiques bei uns der Sinn
für praktische Leiſtung des
Pferdematerials im Gegen=
ſatz zu äußerem Blendwerk
wachſen wird, um ſo beſſe=
ren Tagen wird die deutſche
Halbblutzucht entgegenge=
hen, die wahrlich ſcharfe
Prüfung nicht zu ſcheuen
braucht. Sie wird dabei im
Gegenteil nur gewinnen.

Hier liegt das gegebene
Feld der Betätigung für
den Halbblüter, für den eine Prüfung auf der Rennbahn in den
ſeltenſten Fällen nützlich iſt, und die z. B. in England auch
niemand für einen Hunter für
erforderlich halten würde.

Nicht auf Schnelligkeit hin
können und wollen wir das junge
Halbblutzuchtmaterial analog
dem Vollblut prüfen, wohl aber
auf Härte, Geſchicklichkeit und
Sprungvermögen im Rahmen
der Reitjagd und der ihr ver=
wandten Sprung= und Gelände=
prüfungen der Concours hip=
piques und der dazu notwen=
dig werdenden Vorbereitungen.
Wenn dies alles auch noch
lange nicht der idealeren Prü=
fung des Hunters der Jagd=

Frau M. Waydelin auf Fair light.

pferde Groß Brittanniens gleich kommt, ſo iſt es doch immerhin
ein Anfang und ein gewiſſer Erſatz dafür.

Ein Husarenstück.

Der Halbblutzüchter kann kaum alle seine Produkte praktisch prüfen. Wenigstens nicht auf der Rennbahn oder im Jagdfelde. Es ist aber schon wertvoll, wenn er wenigstens Brüder oder Schwestern des von ihm zur Weiterzucht ausgewählten Materials in irgend einer Leistungsprüfung erfolgreich sieht. Concours hippiques bieten dazu am leichtesten Gelegenheit.

An den großen Concours-Verbänden und Reitervereinen, die die Konkurrenzen veranstalten, wird es aber sein, Hand in

Der 80jährige Herr Hasperg
auf Fotografo.
(Phot. Th. Reimers-Hamburg.

Hand mit der deutschen Halbblutzucht dahin zu wirken, daß ihre hippischen Veranstaltungen gleich denen anderer Länder die segensreiche Bedeutung für alle beteiligten Kreise erlangen, die ihnen bisher noch allzusehr gefehlt hat.

Es kann andernseits nicht geleugnet werden, daß die Veranstalter von Concours hippiques allein auch noch nicht eine Blütezeit der bei uns mehr oder minder auf die nicht übermäßig rentable Remonteaufzucht angewiesenen Warmblutzuchten herbeiführen können. Dazu gehört auch ebensowohl das Entgegenkommen von Züchter und Konsument.

Der Züchter vermag durch die Art der Aufzucht — möglichst viel Weidegang, Körnerfutter und entsprechende Bewegung in Laufkoppeln mit Naturhindernissen — bereits den Ansprüchen des Konsumenten entgegen zu kommen, der wiederum durch Beschickung der Concours und Bevorzugung des hier geprüften Materials sogar den Händler dazu bringen würde, gut geschultes Material vom inländischen Züchter zu sammeln. Am günstigsten allerdings ist es, wenn — wie in England und Irland — auch der kleinere Farmer die Produkte seiner Hunterzucht selbst im Jagdfelde reitet und auf dem Concoursring zeigt und vorspringt. Aber auch schon

durch den Wettbewerb und Vergleich wird eine wichtige und wert=
volle Anregung geschaffen, die gute Früchte für alle Teile zeitigen
und letzten Endes unserer Zucht zugute kommen muß.

Zucht und Concourssport müssen zusammen gehen und sich
gegenseitig in die Hand arbeiten.

Freifrau v. Carnap auf Inachus v. Bajan a. d. Ingolstadt
v. Chamant. (Halbblut.)

Die Mitbeteiligung von importiertem ausländischem Material,
das durchaus nicht rigoros ausgeschaltet zu werden braucht, würde
sich ganz von selbst auf ein Minimum beschränken, wenn die
Vorzüge der einheimischen Zucht, die Eignung unserer Pferde
zum Springsport, ihre Billigkeit und Leistungsfähigkeit genügend
bekannt wären.

Hierin liegt ein Umstand von nicht zu unterschätzender
wirtschaftlicher Bedeutung. Millionen, die alljährlich dem Aus=

land für zum Teil fragwürdiges Material zufließen, das für unsere Zucht nicht den geringsten Wert besitzt, könnten dem Lande erhalten bleiben. Die dankenswerten Bestrebungen des Reichs=

Frau v. Popelius auf Lanze (Ostpr. Halbblut),

verbands für deutsches Vollblut werden hierin wohl segens= reich wirken.

Allerdings wird es noch langer Zeit bedürfen, bis das an= gestrebte Ziel erreicht sein wird. Entwicklungen dieser Art pflegen sich nur ganz allmählich zu vollziehen und noch ein weiterer Faktor ist dazu nötig — der Staat. Nicht nur durch Förderung aller entsprechenden hippischen Veranstaltungen auf jede nur mögliche Art, sondern auch durch direkte Unterstützung mit seinen reichen Mitteln vermag er einen überaus segensreichen Einfluß auszuüben.

Wir haben dafür ein naheliegendes Beispiel an Frankreich, wo nicht zuletzt durch die staatliche Unterstützung der weit verbreiteten Concours hippiques eine Blüte der Halbblutzucht erreicht worden ist, die wiederum dem Staate in mehr als einer Beziehung zugute kommt. —

Die
militärische Bedeutung des Springsports.

s ist auffallend, in wie verschiedenen Richtungen sich das militärische Reiten der einzelnen europäischen Kavallerieen in der letzten Zeit entwickelt hat, zumal was den modernsten Zweig kavalleristischer Betätigung das Geländereiten und Springen anbelangt.

Man kann im Großen und Ganzen hierin zwei Haupt=gruppen unterscheiden; die der romanischen und die der germanischen Reiterwelt.

Es wäre schwer zu bestimmen, in wieweit hierbei etwa Charakter= oder körperliche Rassen=Unterschiede mitsprechen. Wenn man sich vergegenwärtigt, welche typischen Eigenarten den ver=schiedenen Nationen gewissermaßen traditionell anhaften, so wird man sehen, daß trotz der jetzt überall zu Tage tretenden fort=schrittlichen kavalleristischen Richtung sich die Grundzüge nationaler Reiterei nur wenig verschoben haben.

An der Spitze der romanischen Gruppe marschiert F r a n k = r e i c h, das klassische Land der hohen Reitkunst, von dessen equestrischer Hochschule Saumur der befruchtende Samen reiter=licher Erkenntnis ausgeht. Obwohl auf eine ungleich kleinere Pferdezucht angewiesen und räumlich nicht so ausgebreitet, ist Italien hier fast an gleicher Stelle zu nennen. Seine Kavallerie, speziell das Offizierkorps, hat es auf dem besonderen Gebiete des Terrainreitens und Nehmens von Hindernissen aller Art wohl zu der höchsten Perfektion gebracht, die gedacht werden kann. B e l g i e n (Militärreitschule Ypern) identifiziert sich in reiterlichem Sinne ganz mit Saumur und seine Reiter=Offiziere spielen im internationalen Wettkampf eine gefürchtete Rolle. S p a n i e n, das alljährlich in San Sebastian große reiterliche Wettkämpfe bei sich sieht, tritt ganz in die Fußtapfen seiner großen östlichen Nachbarn und P o r t u g a l

bemüht sich, wie die Vertretung dieses Landes bei dem großen
Brüsseler Concours in diesem Frühjahr bewies, in gleichem Sinne.
Auch jenseits des Ozeans scheint diese Schule Fortschritte zu machen
und die Union sowohl als auch Argentinien leistet, wie z. B.
der vielbesuchte Internationale Concours von Buenos-Ayres im
vergangenen Jahre (Centenarfeier) bewiesen hat, auch in dieser
Hinsicht Hervorragendes.

Unteroffiziere des 13. franz. Husaren-Regiments beim Geländereiten.

In Rußland, das zu keiner der Gruppen gerechnet werden
kann, ist immerhin der französierende Einfluß der Reitschule von
St. Petersburg nicht ohne Einfluß geblieben, da lange Jahre
James Fillis dort als Lehrer gewirkt hat. In diesem Jahre sah
man auf der Olympia-Show in London den einzigen dort ver-
tretenen russischen Offizier, Capitaine Bertren im internationalen
Offizier-Springen erfolgreich. Dieser Reitlehrer der russischen
Reitschule ist indessen ein früherer französischer Offizier, der seine
Nationalität gewechselt hat.

An erster Stelle der germanischen Gruppe darf, was seine
internationalen Erfolge auf dem Gebiet des Terrainreitens und

Springens anbelangt, Schweden genannt werden, das hier eine ganz hervorragend hohe Stufe erreicht hat. England, das klassische Land des Huntings, das erste Pferdezuchtgebiet der Welt, hat erst jüngst bei seinem eigenen Welt-Concours zu Olympia wiederum sich überzeugen müssen, daß die dort übliche Manier über Sprünge zu reiten, zu roh, zu steif und zu ungeschickt gegenüber der feineren romanischen Kunst ist.

Auch in Österreich, das mit Ungarn der deutschen Gruppe zugerechnet werden muß, scheint sich seit dem letzten Frankfurter Concours die Überzeugung allmählich Bahn zu brechen, daß dort die Terrainreiterei nicht mit der dort vorbildlich guten militärischen Schulreiterei gleichen Schritt gehalten hat. Schreibt doch Major Mario Franz, der Kommandant der K. u. K. Kavalleriekadettenschule selbst in der letzten Nummer der Kavalleristischen Monatshefte: „. . . . gelernt zu haben, daß wir mit dem allzustarren System, jedes Springpferd ohne Rücksicht auf die Verschiedenheit der Hindernisse in ein gleich scharfes Tempo und einen bestimmten Springstil pressen zu wollen, brechen müssen." Auf die weiteren interessanten Ausführungen des Windischgrätzdragoners komme ich später noch zurück.

In der deutschen Kavallerie endlich, hat sich in den letzten Jahren ein gewaltiger Fortschritt auf dem Gebiete des Springens bemerkbar gemacht und wir konnten sogar den gewagten Versuch einer internationalen Springkonkurrenz im eigenen Lande in Frankfurt siegreich bestehen. Man muß sich indessen vor einer Überschätzung des Erreichten hüten, das doch noch lange nicht Allgemeingut geworden ist, sondern mehr auf der persönlichen Initiative und dem frischen Sportsinn einzelner jüngerer Elemente beruht.

Es kann in keiner Weise geleugnet werden, daß das romanische System das weitergediehene ist und immer mehr Anhänger wirbt.

Österreicher und Deutsche leisten — das erkennt sogar der reiterlich Andersdenkende, z. B. Fillis an — auf dem Gebiete militärischen Schulreitens Unübertroffenes. In dieser Hinsicht sind die verbündeten Kavallerien unbestritten die ersten der Welt. —

Um aber uneingeschränkt diesen Ruhmestitel weiterführen zu können, bedarf es eines fleißigen Weiterausbaus auf der be schrittenen Bahn, eines ernstlichen Kultivierens des Terrainreitens mit allen seinen möglichen und unmöglichen Hindernissen.

Betrachten wir zunächst einmal die militärische Bedeutung dieses jüngsten Zweiges reiterlicher Betätigung, dem die Kavalleristen fast sämtlicher anderer Armeen einen so hohen Wert beilegen; einen so großen Wert, daß das italienische Militär-Reit-Institut grundsätzlich jede Dressur in Reitbahnen verschmäht, die belgische Reitschule auf mehr als zwanzig ausgesuchten Dienst-Hochsprungpferden ihren Schülern Sitz und Gefühl im Sprunge lehrt! —

Lt. Antonelli beim Hochsprung.

Das Soldatenpferd muß für jeden nur möglichen Kriegsschauplatz geeignet sein. Man kann also nicht, wie der Engländer zum Fuchsjagen in Leicestershire einen anderen, mit der Gegend vertrauten, in jenem Terrain großgezogenen Hunter reiten, als in Westmoreland oder Essex. Das moderne Kavalleriepferd muß heute, wo es weittragende Feuerwaffen öfter und früher von der Straße hinweg ins Terrain treiben werden, als einst, zur Erfüllung seines mannigfachen und bedeutungsvollen Dienstes — ich erinnere nur an den Ordonnanzoffizier, Patrouillenführer und Meldereiter — absolut sicher, willig und gehorsam im Gelände gehen und alle sich dort ihm bietenden Hindernisse anstandslos nehmen können, wenn es seinen Reiter vor Tod oder Gefangenschaft bewahren soll.

Es unterliegt keinem Zweifel, daß einzelne Reiter wie auch schwache Abteilungen (Patrouillen) im Felde überall und stets beschossen, verfolgt und gejagt werden dürften wo sie auch nur in Augenweite des Gegners sich blicken lassen. Da nützt nicht allein die Schnelligkeit des Pferdes, sicher und ungefährdet die wichtige Meldung heimzutragen, sondern vor allem kommt es — bei den heutigen Bebauungsverhältnissen einer hochentwickelten Kultur — darauf an, alle sich in den Weg legenden Hindernisse, seien es Wälle, Knicks, Einfassungen, Mauern, Zäune, Gräben, Wasser= läufe, Kanäle, Drahtzäune oder Barrieren, sicher zu überwinden und nicht hierbei Zeit, Leben oder Freiheit einzubüßen. — Aber nicht nur in solchen Fällen, sondern noch weit mehr im schwierigen Erkundigungsdienst selbst wird die Terrainsicherheit des Pferdes für den Kavalleristen eine ausschlaggebende Rolle spielen. Wer nur auf den Straßen und gebahnten Wegen Patrouille reiten will, wird wenig zu sehen bekommen. Nur, wenn die Sicherheit seines Pferdes in jeder Lage genug Kühnheit und Keckheit ver= leiht, sich auch in unwegsames und schwieriges, steiles und durch= schnittenes Gelände zu wagen, wird seiner Aufgabe ganz gerecht werden können. Nur er kann getrost den Gegner auf nähere Entfernungen aufsuchen, wo keine übersichtlichen Fernaussichtspunkte vorhanden sind, und mag gelassen feindliche Reiterschwärme an seinem Versteck vorbeiziehen sehen: er kommt schon überall wieder durch!

Dieses unbeschreibliche Gefühl reiterlicher Überlegenheit aber, das im Kriege so überaus wichtig ist, muß in mehr oder minder hohem Maß jeder einzelne Reiter in sich tragen, der vielleicht zu wichtiger Aufgabe berufen sein kann.

Es ist daher auch die Pflicht aller Führer und Lehrer auf kavalleristischem Gebiet, vom Ältesten bis zum Jüngsten, dahin zu arbeiten, daß dieses Ziel erreicht, vor allem durch unermüdliche Sorg= falt in diesem wichtigen Dienstzweig gefördert und vorbereitet werde.

Nur durch Übung, durch stetige Gewöhnung können unsere Pferde, unsere Reiter, können wir selbst dazu gebracht und auf der Höhe der Leistungsfähigkeit erhalten werden. —

Ist es denn aber notwendig, von den vorhandenen guten reiterlichen Eigenschaften des Schulreitens irgend etwas aufzugeben, um ein Jota auch nur nachzulassen?

Mit Nichten! — Im Gegenteil es kann — darin brauchen wir die Italiener keineswegs nachzuahmen — und muß uns dieser Vorzug unter allen Umständen nicht nur erhalten bleiben, sondern auch noch bei den angedeuteten Bestrebungen wesentlich zu Gute kommen. Major Mario Franz schreibt in seinen ausgezeichneten Ausführungen hierüber: „Diese Preiskonkurrenzen bezwecken ja nichts anderes, als zu zeigen, wie das Ideal eines Soldaten= pferdes dressiert, und wie ein vollendet guter Sitz des Reiters beschaffen sein soll, denn erst durch diese Errungenschaften werden beide — Reiter und Pferd — befähigt, auch nach anderen Richtungen hin große Leistungen zu vollbringen".

Freilich gelange ich danach zu einer anderen Schlußfolgerung: Nicht gegen die Verquickung der Concoursreitprüfungen mit Gelände= oder Distanzritten oder vermehrten Springforderungen kann der oben besprochene Grundsatz mich führen, sondern eher und in noch wohlbegründeterem Maße gerade zu dieser.

Sagt doch selber Major Franz bald darauf: „Dem unvor= eingenommenen Beobachter ist es, wenn er je darüber Zweifel hatte, zur Gewißheit geworden, daß auch bei einer Springkonkurrenz jenes Pferd die meiste Chance hat, das bei guten Springvermögen in steter Anlehnung und Kopfhaltung und ungestörter Rücken= tätigkeit, somit in möglichst guter Haltung den Kurs absolviert."

Zu ganz ähnlichem Schlusse sind auch alle Autoritäten auf reiterlichem Gebiet gekommen, die ich hierüber auf großen inter= nationalen Concours hören durfte. Unsere wohlvorbereiteten, durchgearbeiteten Pferde müßten also eher als alle anderen, zum mindesten doch aber ebensowohl imstande sein, allen neuzeitlichen Ansprüchen auf diesem Gebiete gewachsen zu sein. —

Wie ist dem aber in Wirklichkeit? Man mache nur einmal eine Probe. Jeder an seiner Stelle. Man braucht nicht einmal weit zu gehen; ein umfangreicher Apparat zur Vorbereitung ist nicht einmal nötig. Man versuche nur einmal mit seinen Leuten — einzeln — an einer etwas ungewöhnlichen Stelle über die Chausseeränder aufs Feld zu gelangen. Man lasse nur einmal seine Abteilungen vor einem tiefen und breiten Graben, einzeln abbrechen, laffe sie nur einmal einen nicht einmal allzu hohen — aber festen — Zaun, gar Draht springen, oder einen etwas komplizierten Wall klettern und man wird sein blaues Wunder erleben. —

Ich will gar nicht mehr verraten; bitte nur selbst sich davon praktisch überzeugen zu wollen (aber wirklich!) — und man dürfte doch anerkennen, daß so mancher der also auf Herz und Nieren

Oberleutnant Bolla, Instructor an der Militärreitschule
Tor di Quinto.

Geprüften noch weit, sehr weit von dem anfangs geschilderten modernen Idealmeldereiter entfernt ist, der seine mühsam erworbene Meldung, verfolgt von feindlichen Reitern über Holz und Waffer, Stein und Draht sicher zum heimischen Port zurückbrachte. — Man wird sich auch ferner überzeugen, daß hierbei manche Pferde nicht gut allein gingen, gar „klebten" und daß die reiterlichen Hilfen und der Sitz im Sprunge oft recht erheblich weit von dem Idealen entfernt blieb. Woran liegt das nun Alles?

Einzig und allein, so lautet die bestimmte Antwort, weil wir diese Sache nicht genügend geübt, gepflegt haben. Warum aber wurde sie nicht mehr kultiviert? Weil solche Übungen im Gelände natürlich Zeit erfordern, womöglich Geld für Flurschäden kosten, lahme und verletzte Pferde bringen könnten und — last not least — nicht besichtigt werden. Wenigstens nicht überall und nicht in genügendem Maße. — Es existiert ferner nicht die ausreichende Zahl und Art von Hindernissen dazu, weder auf den Kasernenhöfen noch auf den Exerzierplätzen. Hier wie dort thront seit 50 Jahren in siegreicher Alleinherrschaft nach wie vor die „Kommißhürde", der niedrige Springblock und das aus= zementierte schmale Wassergräbchen, genannt „der Graben"! Und auch diese Hindernisse, — die Hindernisse, — führen, ungern geduldet, ein freudloses Dasein am äußersten Rand an einer ent= legenen Ecke des Platzes; denn sie stören ja nur das Exerzieren oder das Abteilungsreiten! — Sie werden dann ein paar Mal ge= nommen, wenn die Besichtigung naht und danach — liegen sie wieder ruhig und friedlich da, und — „über allen Wipfeln ist Ruh — "!

Dem müßte durch zahlreiche Anlagen der verschiedenartigsten Hindernisarten, wie sie in Natur und Gelände vorkommen, auf Reit= wie Exerzierplätzen entgegengearbeitet werden. Eine ge= nügend zu bemessende Zeit — die sich bei sachgemäßer Ein= teilung immer noch finden läßt — müßte auf das Einzelreiten und Überwindenlernen aller Hindernisse verwendet werden. Auch im Winter in der Reitbahn ließe sich in dieser Beziehung weit mehr tun, als leider meist in der Praxis — wiederum aus den vorerwähnten Gründen — geschieht. Da wird meist nur „die" Hürde, „die" Stange oder beides gesprungen. Die Pferde lernen fast systematisch, möchte ich sagen „wischen" und umwerfen. —Ein gefährliches Spiel, wenn man mit solcherart „eingesprungenen" Pferden ins Terrain und vor den Feind kommt. Das best= springendste Jagdpferd nützt da dem Offizier nichts, wenn ihm seine Leute nicht zu folgen vermögen über Stock und Stein, wie es im Soldatenliede heißt. Dazu bewegen sich die Höhen der gesprungenen „Obstacles" meist nur in einem allzubescheidenen Rahmen, selbst was das freie Einspringen der jüngeren Pferde ohne Reiter betrifft.

Naturgemäß wäre es sehr verkehrt, schlecht springende, schwere, darin ungeübte Mannschaften auf müden Pferden wo=

möglich gleich einen Meter oder mehr wirklich fest springen zu lassen. Daran denken aber auch gerade diejenigen Reitlehrer am allerwenigsten, die durch eigene Übung erkannt haben, wie schwierig und kunstreich das Metier des Springens ist und wieviel Mühe, Fleiß und systematische Anleitung dazu gehört, es in diesem Dienstzweig auch nur auf ein mittleres Maß, das befriedigen kann, zu bringen.

Vor allem müssen erst die Leute einmal richtig sitzen und im Sprung mitgehen lernen, sie müssen sich das „Festhalten" ab- gewöhnen und „stillezusitzen" verstehen. Da gibt es äußerst viel zu tun, was zunächst nur über ganz kleinen Hindernissen möglich ist. Aber auch, wenn hier erst etwas erreicht ist, wird man schon der Schwere der Leute und der Schonung des Materials halber im Militärischen stets auf einem Maß geringer unübertriebener Leistungen bleiben müssen, das für die Wirklichkeit genügen mag. Um so sicherer und vollendeter müssen aber hier alle Pferde gelernt haben, ruhig und ohne zu stürmen, ohne sich auf die Vorhand zu werfen und nach dem Hindernis wegzustürmen, ohne auszubrechen, zu stutzen oder zu kleben hinüber zu gehen, unter- scheiden können, wo Klettern, wo ein kühner Satz, wo Wischen und wo Anziehen der Hinterbeine am Platze ist und alle Farben, Arten und Abarten von Hindernissen — auch Draht — genau kennen.

Da gibt es natürlich noch enorm viel mehr zu tun, als man vielleicht von vornherein anzunehmen geneigt ist. Das angedeutete Ziel auch nur in etwa zu erreichen, ist ungemein schwer; so schwierig, daß es kaum einem Einzelnen gelingen mag, wenn nicht Alles und Alle von dieser Erkenntnis beseelt, von ihr ganz durchdrungen sind und sämtlich an diesem einen Ziele eifrig mitarbeiten.

Wie ist aber dieses weitgesteckte Ziel der allgemeinen Mit- arbeit an diesem Streben erreichbar? — Nur mit der Zeit, ver- mutlich erst in langer Zeit, vielleicht erst in militärischen Gene- rationen! — Das Interesse für diese Sache ist zu neu, sie hat zu viel Gegner, die vis inertiae zu viel Macht, und endlich der passive Widerstand, der sich von mancher Seite dieser „brotlosen Kunst" entgegenstellen wird —! — Überlassen wir es also der Zeit und dem Heranreifen jüngerer Geschlechter zu führenden Stellungen, hier den Fortschritt zu bringen, den wir uns erträumen und begnügen wir uns vorderhand damit, der guten Sache Freunde zu werben, und sie allmählich, so gut wie es eben geht, von Stufe zu Stufe weiter zu führen. Dem Einen wird mehr, dem Anderen weniger darin gelingen. Die Zukunft gehört auf alle Fälle unserer Sache!

Das einzige wirklich wirksame Mittel aber, Anregung und Passion dafür in den Reihen der Führer und Lehrer auf diesem Gebiete, also der Offiziere zu verbreiten bilden die Concours hippiques.

Nicht die Hochsprungkonkurrenzen, die nur einen beschränkten, doch keineswegs zu unterschätzenden Wert haben, nämlich Maß-

stab für Sitz und Leistungen abzu-geben, sondern vor allem die breite Masse der Jagd-springkonkurrenzen aller Art und Ver-bindungen, von die-sen mit Reit- und Fernrittprüfungen verdienen die weit-gehendste Förde-rung und Verbrei-tung. Nur die per-sönliche Teilnahme an diesen Veran-staltungen und das systematische Vor-

Capt. di Fonseca beim Sprung über eine Barriere.

bereiten von Pferden hierzu wird so manchen von der Ausführ-barkeit und Möglichkeit der angegebenen Bestrebungen überzeugen.

Erst die Einsicht, daß es nicht besonders gezüchtete oder entdeckte „Spezialpferde", kostbare Luxustiere sind, mit denen man die Springkonkurrenzen bestreiten und gewinnen kann, sondern, wie das Beispiel der französischen, belgischen und teilweise auch

deutschen Offiziere lehrt, gut vorbereitete Pferde des gewöhn=
lichen Gebrauches, wird die Stimmen der Gegner verstummen
lassen. —

Es herrscht aber selbst in maßgebenden Kreisen keineswegs
Übereinstimmung der Ansichten nicht nur über das Springen selbst,
sondern vor allem auch über die Führung und den Sitz im Sprunge.

So wie sich die Ansichten vom Sitz des Schulreiters seit
dem Herzog von Newcastle über de la Guerinière bis zum heu=
tigen Tage gemodelt haben, wie der alte englische Rennsitz eines
Loates, Archer und Cannon seit Sloans umstürzlerischer Manier
verschwunden ist, so ist auch der militärische Sitz oder der des
Terrainreiters wandlungsfähig, so wie er sich schon seit Alexanders
des Großen oder Dschinghis Khans Reiterscharen und den panzer=
starrenden Turnierrittern des Mittelalters bis auf den heutigen
Tag mehr oder weniger in ständiger Änderung befunden hat. —

Militärisch richtig und daher auch nicht unschön (auch der
Begriff der Schönheit wechselte stets zu allen Zeiten und bei allen
Völkern) ist nur allein der Sitz im Sprunge, wie er von den Ge=
boten der Zweckmäßigkeit und richtigen Schwerpunktsbelastung dik=
tiert wird. Wir brauchen gewiß uns keine Karikaturen zum Vor=
bild zu nehmen, keine Übertreibungen, wie sie von der Rennbahn her
von solchen Reitersleuten in den Concoursring übernommen werden,
die für die Gallerie reiten und wie sie bei den besten italienischen,
belgischen und französischen Hindernisreitern, die hierin als aka=
demische Muster ruhig gelten dürfen, weder Stil noch Mode sind.
Jede Steifigkeit, besonders aber im Kreuz, wäre im Sprunge falsch.
Objektive Beobachter können auch nicht finden, daß ein im mili=
tärisch=geraden Sitz sein Pferd in Maul und Rücken störender
Reiter, vom ästhetischen Standpunkt schöner, und besser zu prä=
miieren sei, als derjenige, der mit gekrümmtem Rückgrat, leicht vorn=
übergeneigtem Oberkörper, gewinkeltem, weit vorgehaltenem Arme
und weicher Mittel= und Unterpositur geschickt der Bewegung
seines Pferdes im Sprung folgt. Übereinstimmung zwischen Roß
und Reiter, Einssein mit dem Pferde, Ineinanderfallen der Schwer=
punktslage — das allein kann doch nur schön sein; nicht aber ein
„Hinter die Bewegung des Pferdes Kommen", Rücken und
Maul Stören, wie es bei allzugeradem Sitz nicht die Ausnahme,

sondern die Regel bildet! Man muß die Begriffe also hier schon ein wenig revidieren und modifizieren, wenn man mit der Zeit mitgehen will. Eine ähnliche Entwicklung hat auch der Rennsport der Offiziere vor 50 Jahren durchgemacht und noch weit später hat es langer Kämpfe bedurft, bis der moderne vorn=übergeneigte Sitz sich allgemein Bahn gebrochen hat. Auch der Vorteil, den das Rennreiten, Trainieren, schnelle Denken und Entschlußfassenlernen im Galopp für den Kavallerieoffizier bringt, ist lange Zeit hindurch angefochten oder wenigstens nicht anerkannt worden.

Heute, wo der Concoursſport, infolge seiner zunehmenden Verbreitung, größeren Billigkeit und militärisch unmittelbareren Vorteile für den Ausübenden im Begriff steht, den Rennsport in obiger Rolle abzulösen, kann von ihm nicht mehr als einer Ge=fahr gesprochen werden, von dem „Sirenenhaften", das diesem gesunden, vornehmen Sport anhaften soll! —

Damit stimme ich allerdings voll mit Major Franz überein, daß er es geißelt, wenn in der italienischen Kavallerie „ein förm=licher Springwahnsinn" blind werden läßt für alle Fehler, die in Form und Rittigkeit der Masse gleichsam großgezogen werden. — „Alles," fährt Major Franz sehr richtig fort, „was wir auf reit=sportlichem Gebiet unternehmen, kann doch nur den Zweck ver=folgen, die Reitkunst im Offizierkorps und im weiteren Verlaufe in den Mannschaften zu heben und somit als Endziel: Erhöhung der Schlagfertigkeit der Kavallerie. Kann es da von besonderem Wert sein, wenn einzelne Reiter und Pferde Übernatürliches leisten, während der größte Teil daran kaput ging, Nerven und Knochen einbüßte?" — Ganz gewiß nicht, und das wird auch nicht der Fall sein, wo eben weiche, gute Dressurreiterei mit sach=gemäßer Springschule, wie ich sie vorhin zu schildern versuchte, Hand in Hand geht. Daß natürlich auch Spähne überall da fallen, wo gehobelt wird, kann nicht Wunder nehmen. Dieses Opfers ist das Ziel wohl wert. In seiner Art hatte es wohl Seydlitz, unser größter Reiterheros, als 23jähriger Schwadrons=chef in Trebnitz darin am weitesten gebracht. General Burbaum schreibt darüber: „Seydlitz hatte manches bei seiner Schwadron eingeführt, was bis dahin noch nicht vorgeschrieben gewesen, später jedoch allgemeine Gültigkeit erhielt. Seydlitz wußte den Instruktionen Friedrichs Leben zu geben. Jede schablonenhafte Massenabrichtung war von vornherein ausgeschlossen, und es wurde die größte Sorgfalt auf das einzelne Individuum verwendet. Jeder Reiter mußte schließlich mit seinem Pferde eins und auf ihm so heimisch werden, wie in seinem Bette. Die Unebenheiten des Bodens kamen nicht in Betracht. Mann und Pferd waren es gewöhnt, dem durchschnittensten Terrain sich anzubequemen und in rücksichtslosem Vorwärtsdrange wie auf ebenem Wiesenboden dahin zu galoppieren. Trebnitz' Umgebung war hierzu besonders geeignet. Breitgewölbte, dicht bewachsene Wälle, tiefe Einschnitte, sumpfige Gräben, langgedehnte Ebenen, von Hecken und Wasserläufen durchzogen, wechselten in bunter Mannigfaltigkeit ab. Daß manches Unglück vorkam, war unvermeidlich. Und wenn auch General v. Natzmer, damit unzufrieden, diese Übungen eine unnötige Gefahr für Mannschaft und Pferde nannte, so wußte Seydlitz doch auch fernerhin das Interesse des Dienstes allen persönlichen Rücksichten voranzustellen, und, nur das große Ziel ins Auge fassend, glaubte er dies mit — dem gebrochenen Arm eines einzelnen nicht zu teuer erkauft. Der Preußenheld impfte seinen Reitern die Nichtbeachtung aller Bodenschwierigkeiten ein, vereint mit besonnener Geschicklichkeit zu stürmischem Anlauf. Hieß es doch auch schon in des Königs Instruktion: Se. Majestät wollen Pferde haben, welche in Arbeit sind und prätendieren aber nicht, daß die Pferde gar so dicke sein sollen, wenn sie nur gut bei Leibe und imstande sind, zu marschieren und Fatigues zu ertragen." Auch in höheren Stellungen pflegte der jugendliche Reiterführer in fleißiger Friedensarbeit diese Art von Reiterei.

„Seit 1753 ließ Seydlitz als Regimentskommandeur das Reiten im Terrain täglich üben, besonders in guter Jahreszeit. Jeder Reiter in seinem Regiment, der sein Pferd zur Tränke geritten hatte, mußte abends in Ohlau eine Tour auf dem Platze machen und im Galopp einige Hindernisse nehmen. Die Offiziere waren zugegen und folgten aufmerksam den Bewegungen eines jeden Reiters, bald hier korrigierend, bald dort nachhelfend und belehrend. Man war fortwährend darauf bedacht, die Pferde zum Einzelreiten, zum Reiten ins Gelände geeigneter zu machen. Man suchte durch allerhand Übungen die Intelligenz der Pferde zu wecken, damit sie lernten, die Geländeschwierigkeiten von selbst

Major Frhr. v. Holzing-Berstett über dem Graben am Kaiserlichen Marstall zu Potsdam.

zu überwinden, für sich selbst zu sorgen und nicht zu fallen. Die Seydlitz'schen Kampagnepferde gingen nicht die hohe Schule, die zu jener Zeit in den meisten Köpfen herumspukte, sie waren nicht lediglich auf die Hinterhand gesetzt und gingen nicht mit hohen

Aktionen kurze Gänge, sondern trugen sich im Gleichgewicht und hatten lange, gestreckte Gänge. Sie waren vollkommen im Gehorsam, durchgebogen und folgten jeder Schenkel= und Zügelhilfe."

— Was vor 150 Jahren möglich schien, sollte doch auch heute noch gehen, da gegenüber den modernen Massenheeren und der sprichwörtlichen Leere des Schlachtfeldes alle Entfernungen um mehr als das zehnfache der damaligen Verhältnisse gewachsen sind und ein hochentwickelter Aufklärungs= und Meldedienst auch schon mit Rücksicht auf die ganz andere Tragfähigkeit und Treff= genauigkeit heutiger Feuerwaffen, wesentlich größere und höhere Anforderungen an den einzelnen Reiter stellt. —

Der Weg zu dem uns vorschwebenden Ziel führt, wie wir gesehen haben, nur über die Preisreiten und =Springen der Concours hippiques.

Daß es dabei auch oft nicht ohne Auswüchse gehen wird, daß vor allem bei der Vorbereitung von Pferden zum Hochsprung nicht selten in unerfahrener Hand Pferde mehr oder weniger verdorben werden und zu halsstarrigen Bestien werden, soll gar nicht geleugnet werden. Das ist eben nicht zu vermeiden. Wir können aber auch aus den Fehlern nur lernen. Major Franz hat ganz Recht, wenn er schreibt: „Oder ist es etwa ein besonders erhebender Anblick, wenn man bei Hoch= und Weitsprungkonkurrenzen die einzelnen Pferde mit größtem Unwillen und Nervosität, gleich wilden Tieren, vor das Hindernis schleppen sieht, weil sie normaler Hilfen spotten, und sich dann diese häßliche Prozedur mehreremale wiederholt? — Ich frage offen, was wir von solchen Sprüngen haben, die im Gelände niemand ausführen wird? — Zu bewundern dabei ist nur der Schneid und oft auch die Geistesgegenwart des betreffenden Reiters. Das Pferd aber ist zu bedauern."

Nun, was Major Franz in seiner Heimat und bei uns in Frankfurt, wo wir doch mit diesem Sport in Deutschland auch erst in den Kinderschuhen stecken, gesehen hat, ist auch nicht das Beste und Einzige, was es in dieser Art auf der Welt gibt. Wer in diesem Jahre in Paris, Brüssel, London und noch auf manchem weniger großen ausländischen Concours stets über 2 m beim Hochsprung — nicht nur von einzelnen Pferden — sondern mühelos fast von der Mehrzahl der Teilnehmer hat springen sehen, zum Teil sogar in glänzender Manier, der wird sich schon mit diesem neuen Sport ausföhnen, der — mag man darüber selbst denken, wie man will — immerhin seine überaus günstigen Schlaglichter auf den gesamten Springsport wirft. Mit 1,70 m einer Höhe, die bei uns wohl kaum ein Pferd mit Sicherheit ohne Vorbereitung springt, wird auf jenen Plätzen gerade angefangen zu springen und wohl kein einziger Konkurrent verfehlte diese Anfangshöhe!

Wenn man gerecht sein will, muß man aber auch zugeben, daß im ausschließlichen Reitsport ebenfalls Auswüchse und Einseitigkeiten existieren. Ich brauche nur an das wunderbar durchgerittene Schul-

Geländereiten in Schweden auf dem Eise des Mälarsees.

pferd zu erinnern, das vor ein kleines Hindernis (schmale Hürde) gestellt, aller Theorie zum Hohne in der niederträchtigsten Weise zu streiken anfängt, steigt und ins Gebiß

stürmend wegbohrt, wie ein halbroher Irländer, der plötzlich
passagieren soll! Jeder wird — Hand aufs Herz — dieses
Bild schon erlebt haben. Unter das gleiche Kapitel fallen alle
Schulpferde, die (— weil zu schade! —) zu keinem Geländeritt,
zu keiner Jagd zu gebrauchen sind. — Also an Einseitigkeit steht
der Reitsport dem Springsport kaum nach. Aber noch ein anderes
Moment im Reitsport, der exklusiven Schulreiterei scheint mir
von größerer Tragweite. Ich meine die Auswahl des Materials.
Auf erste Preise kann nur ein ungewöhnlich schönes, korrekt
gebautes, auffallendes Pferd mit hohem Aufsatz und angeboren
schönem Gangwerk rechnen. Zugegeben, daß sich alle diese Eigen=
schaften durch vorzügliche Reiterei wesentlich heben lassen, bleibt
doch ein Maß von äußerer Ebenmäßigkeit Voraussetzung, die den
danach allein seine Auswahl treffenden Käufer manches brauch=
bare, harte Geländepferd, manchen „Diensttuer“ übersehen läßt,
um dem geborenen Preisreitpferde den Vorzug zu geben. Wie
mancher preisgekrönte Sieger im Schulreiten aber würde nach
einer festen Jagd einfach „Kopf stehen“, mit dicken Sehnen oder
sonstigen Schäden zuhause ankommen. Zu deutsch: wieviele
„Blender“ sind nicht gerade unter den Preisreitpferden!
Anders beim Springsport. Der Offizier, der sich hierzu
gut beritten machen will, muß in allererster Linie auf Härte und
Zähigkeit, weniger auf äußere Schönheit, als auf Leistung Wert
legen. Seinen Dienst wird ihm dann das „Springpferd“ auch
noch nebenbei versehen! „Blender“ kann man hier nicht brauchen. —
Ebensowenig ganz junge Pferde, wie sie im Reitsport oft und
gern des baldigen günstigen Verkaufs wegen gewählt werden.
Ältere als 6jährige Pferde bringen im Handel nicht mehr die
besten Preise! Der Offizier, der Springpferde ausbildet, was
jahrelange Arbeit erfordert, kann ganz junges Material im Stall
nicht gebrauchen. Er arbeitet auch nicht auf gutes, gar dickes
Aussehen seiner Pferde hin, sondern auf Leistung. Er hat ältere,
aber kriegsbrauchbare Pferde im Stall, an denen sein Herz hängt,
und die er nicht gern immer wieder verkauft. Er ist für seinen
Beruf, für den Ernstfall besser beritten, besser gerüstet. Es ist
ja auch nicht absolut nötig, beide Arten von Pferden als Gegensatz
hinzustellen, wie es in der Praxis oft genug allerdings der Fall

ist. Oft werden sich beide Richtungen vereinigen lassen, und das dürfte wohl auch für den Offizier das Richtigste und zugleich Vorteilhafteste sein, obgleich Meisterschaft auf beiden Gebieten — Springen und Reiten — selten genug auf einem Sterblichen vereinigt sind. Wer gut gerittene Pferde hat, die alles springen und Springer hat, die alle Lektionen der Schule gehen, der wird

S. K. H. Lt. Prinz Adalbert v. Bayern auf Diabolo.

der Vollendung am nächsten sein. Aber nicht einzelne Meister-leistungen auf irgend einem Spezialgebiete begründen die Kriegs-tüchtigkeit und den Ruhm einer Kavallerie, sondern ein möglichst ver-breiteter, möglichst gleichmäßig hoher Stand reiterlichen Könnens, wie er sich ausspricht in den Anforderungen moderner, kriegs-mäßiger Reiterei.

Ein Blick in unsere Dienstvorschriften bestätigt indessen die Forderung, mehr, als bisher meist geschehen, Wert auf die prak-tische Reiterei, auf das Terrainreiten zu legen. Ein leider viel zu kurzer Abschnitt auf S. 205 des II. Teils der Reitinstruktion handelt vom Reiten auf dem Exerzierplatz und im Gelände. Hier, wie auch an zwei Stellen der Zeiteinteilung (S. 14 und 15, erstes und zweites Jahr) für Remonten ist von dem Reiten im Gelände, von dem Gewöhnen an alle dort vorkommenden Hindernisse die Rede. Und für die übrigen Pferde ist wiederum an anderer Stelle auf diese Zeiteinteilung Bezug genommen. Damit ist also ausgesprochen, daß bereits vom ersten Jahre ihrer Bearbeitung an der entsprechende Wert auf die Ausbildung unserer Dienst= pferde im Gelände zu legen ist.

Auch aus den neueren Dienstvorschriften für die Kavallerie geht dies unzweifelhaft, wenn auch nur indirekt, hervor.

Zunächst spricht das neue Ex.=Reglt. in 3. 9 seiner Einleitung von dem Gewinn, den das Betreten wechselnden und auch schwierigen Geländes bei den Übungen für die Ausbildung mitbrächte.

Wird hier das Überwinden schwieriger Terrainverhältnisse von der Truppe gefordert, so hat diese Forderung ohne Frage zur Voraussetzung, daß es Sache der Einzelausbildung sei, Mann wie Pferd das Überwinden solcher kriegsmäßigen Schwierigkeiten erst zu lehren und beizubringen.

Und die für alle Waffen gültige Felddienstordnung widmet den zweiten Teil der Ziffer 8 ihrer Einleitung dem Wert des Geländereitens für Offiziere aller Waffen und verweist sogar aus= drücklich auf das außerdienstliche Reiten, das von den Vorgesetzten in jeder Weise zu fördern sei, und setzt sogar in Klammern den Hinweis auf das Jagdreiten hinzu.

Mehr kann man wirklich hier nicht verlangen.

Was für den einzelnen Offizier, den Überbringer von Mel= dungen und Befehlen gilt, muß aber sinngemäß erhöhte Bedeutung auch bei einer Kavallerietruppe haben, wo jeder einzelne Reiter in die Lage kommen kann, allein oder zu zweien, in fremdem Lande, abseits vom Wege, vielleicht verfolgt von feindlichen Reitern, eine wichtige, vielleicht ausschlaggebende Meldung sicher und rasch über mancherlei Hindernisse hinweg zum Ziele zu tragen.

Es ist dies wohl der wichtigste Dienst, für den Reiter über= haupt ausgebildet werden müssen.

Deshalb müßte sich auch in der neuzubearbeitenden Reit= instruktion ein entsprechend hervorgehobener Absatz mit dieser Aus=

bildung befassen und an nicht zu übersehender Stelle stets wieder
darauf hingewiesen werden.

Ganz irrtümlich, ja, vielleicht verhängnisvoll wäre der Glaube,
daß sich Geländereiten und Überwinden von Schwierigkeiten ohne
weiteres und ganz von selbst aus einem durchgearbeiteten Pferde,
einem bahnmäßig geschulten Reiter ergäbe. Weit gefehlt! Man
lasse nur einmal eine meinetwegen wundervoll gehende Abteilung

Mauer in Turin 1901.

selbst älterer Pferde statt der gewohnten Springstange oder
Hürde mitten in der Bahn einzeln über — sagen wir einen
Baumstamm, ein Gitter, eine Mauer, einen Wassergraben von
fünf Fuß oder dergleichen setzen, und man kann Wunder erleben.
Hand drauf! — Geht man nun aber an einen hübsch moddrigen
Graben draußen in Gottes schönem freien Naturgelände, so
wird's nun zum Entzücken gar! Die Leute benehmen sich auch
oft recht ungeschickt, der dreigeteilte Zügel wird hier oft zum Ver=
hängnis, und alle Theorien von Eckenpassieren, Bearbeitung inn=
wendiger Hinterfüße und Zügelnachgeben auf der steifen Seite
nützen hier dem Teufel etwas! Stier, mit gegengestemmter Vor=

hand, unempfindlich auf Maulreißen und Spornieren steht so die geängstigte Kreatur unbeweglich vor dem Hindernis. —

Die Sache geht also nicht so. Sie muß von Anfang an, und zwar, systematisch mit dem Leichten anfangend, eingeübt und dann bis zu dem schwierigsten Klettergraben, bis zur steilsten Rutschpartie weitergefördert werden. Übungsobjekte müssen ge-

Vom Concorso Ippico Internazionale di Torino
Sprung über Koppelrick mit eng zusammengerückten Flaggen
von rückwärts gesehen.

funden oder angelegt werden. Gelder für eventuelle Flurschäden sind hier oft nutzbringender angelegt, als bei mancher Felddienst= übung. Die gewöhnlichen Feld=, Wald= und Wiesen=Exerzierplatz= hindernisse, möglichst unnatürlich angelegt, wie sie niemals im Gelände vorkommen, nützen hierzu gar nichts. Bald kennen sie die Pferde, wissen die Stelle wo sie sie anziehen müssen und setzen im Gliede oder im Rudel anstandslos hinüber. Die Dimensionen sind ja naturgemäß auch nicht gerade schwindelnd. Eine ganz nette Übung. Aber erschöpft ist die Ausbildung der Pferde im Springen und im Gelände damit keineswegs.

„Haben sich die Remonten im Freien an alles gewöhnt, sich beruhigt und auch mäßige Hindernisse unter dem Reiter springen gelernt, so werden sie anfangs Juli auf Kandare gezäumt und damit im Gelände geritten." (Reitinstruktion II. Teil, S. 14.)

Dieser Satz enthält eigentlich alles; er setzt, wenn ihm entsprochen werden soll, so viel Übung, Anleitung, Geschicklichkeit

Vom Internationalen Concorso Ippico di Torino 1901.
Koppelrick mit abstreifbarer Latte und innerer enger zusammengeschobenen Flaggen.

voraus, wie leider in der Praxis sich selten beieinander vereinigt findet.

Nicht in allen Garnisonen läßt sich das Ziel mühelos erreichen. Nicht überall liegen Gelände, Exerzierplatz, Wald, natürliche Übungshindernisse usw. in leicht erreichbarer Nähe der Kaserne. Oft sind die Schwierigkeiten schier unüberbrückbar. Allein dieser Dienstzweig ist zu wichtig, um vernachlässigt zu werden. Es muß hierin etwas getan werden, schlimmstenfalls auf

Kosten anderen Dienstes. Vor allem müßte die Ausbildung im Terrain auch besichtigt werden. Dann fände sich schon Zeit und Gelegenheit zur Übung.

Man kann nicht fortwährend von der Kavallerie Neues und Intensiv-Vorbereitetes verlangen, wenn man nicht dafür an anderer Stelle wesentlich in den Anforderungen herabgeht. Das ist aber sehr wohl ohne Schaden möglich. Die Waffe ist schon nahezu überlastet mit allem möglichen. Jedenfalls muß die Dienstzeit-einteilung sehr tief durchdacht sein, wenn man ohne Überlastung des Materials und ohne Schaden für den Dienst alles zur Zu-friedenheit leisten will. Erreichen läßt sich dies aber sehr wohl, selbst unter den ungünstigsten Umständen, wenn auch unter er-heblichen Abweichungen von den üblichen, breit ausgetretenen Dienstgeleisen.

Im Sommer wird es oft sehr schwer sein, vor dem frühen Exerzieren oder nach dem Einrücken in der Mittagsglut die nötige Zeit zum Hinausreiten zu finden. Zeit muß man aber haben. Mit der Uhr in der Hand läßt sich das Ziel hier nicht erreichen.

Frühjahr und besonders Herbst bieten schon bessere Gelegen-heit. Kleine Jagden mit alten Remonten haben sich bei ver-schiedenen süddeutschen Kavallerie-Regimentern vor vielen Jahren schon vorzüglich bewährt. Aber auch das Winterhalbjahr, das bei unserem weichen Klima, wenigstens im Westen, oft und viel Gelegenheit dazu gibt, muß herangezogen und ausgenutzt werden. Das tägliche Einerlei des Bahnreitens muß, wo es gerade mal geht, durch Hinausreiten unterbrochen werden. Natürlich ändert sich entsprechend der gesamte Dienst. Nachmittags brauchte grund-sätzlich fast nie geritten zu werden. Mehrere Abteilungen müssen gleichzeitig gehen, sonst können die Pferde nachher nicht gehörig versorgt werden. Und dies Draußenreiten muß ausgenutzt werden. Nicht in geschlossener Abteilung, nein, einzeln abgebrochen mit weiten Abständen muß man die Reiter auf die Straße nehmen. Hilfslehrkräfte verteilen sich dabei auf kleine Unterabteilungen. Draußen müssen die Pferde im Leichttraben „geformt" werden. Abwechselnd wird rechts oder links getrabt. Die Pferde lassen sich so viel eher los, festgezogene Härten aus der Bahn schwinden.

Naturgemäß kommt man bald zum Reiten mit langem Zügel, zum Rühren und zur Losgelassenheit. Ebenso ist's mit dem Galopp auf gerader Linie oder auf dem sauber gerittenen Zirkel, der hier — z. B. im Schnee — sehr lehrreich ist.

Einzeln lernen die Pferde unter Anweisung ihres Reitlehrers von der Straße abbiegen, Hohlwege, Böschungen, Chaussee- und andere Gräben, heute mit Regenwasser gefüllt, morgen trocken, überwinden, und mühelos lassen sich Einzelaufträge reiterlicher Natur damit verbinden. Pferde und Reiter werden ruhig, die Pferde schonen sich dabei und bleiben gut im Futter. Sie gewöhnen sich spielend an die Waffe. Schenkelweichen, zweiter Gang, Galoppchangements, ist das alles hier draußen nicht auch gelegentlich möglich? Natürlich darf auch das Draußenreiten nicht übertrieben werden und einen rationellen Dressurgang über den Haufen werfen. Noch weniger darf man dieses Reiten im Gelände mit großen taktischen Generalideen vermengen. Auch muß man die Pferde vor zugigem und nassem Wetter ängstlich hüten. Aber so mitunter ginge es doch eben sehr gut!

Das Springpferd.

Welches Pferd eignet sich zu Springprüfungen? — „They all jump!" — Jedes einigermaßen dafür talentierte Pferd von entsprechendem Bau, so muß die Antwort lauten, vom Irländer bis zum Vollblutpony. Daß der von frühester Jugend auf mit dem Sprungmetier vertraute Irländer hier dem lediglich auf flaches Galoppieren seit Jahrhunderten gezogenen Vollblüter weit überlegen ist, kann gar nicht verwundern. Kann man doch auch unter den Rennpferden feststellen, daß zum Steepler schon etwas mehr Masse gehört, als zum Flachpferd; die Klasse allein vermag hier nicht einen Mangel an Masse aufzuwiegen, wie viele Fälle in der Geschichte des Hindernissports unstreitig beweisen.

Mr. W. Winaus Marmion.
Hochsprungchampion Olympia 1909 mit 2,30 m Höhe.

Unter den edlen Halbblütern aller Länder, die dem Vollblut sehr nahe stehen, findet man aber andererseits oft vorzügliche Springpferde, unter denen das arabische Blut ebensowohl vertreten ist, als selbst reines Traberblut, z. B. die bekannte anglo-normännische Stute Abricot (gezogen im Departement la Marche) und Espoir (wohl das bedeutendste französische Halbblutpferd, das in Concours über 75 000 Frcs. gewann).

Was die Haupt-Points anbetrifft, die ein Pferd zum Springen besonders befähigen, so möchte ich an erster Stelle die Schulter nennen. Sie muß lang und schräg, mus= kulös und kräftig sein, denn ihr fällt eine Haupt= aufgabe so= wohl beim Absprung als auch beim Landen zu. Man studiere die Bilder be= rühmter Hin= dernispferde und wird dar= aus mehr er= sehen können, als sich mit Worten be=

Lt. Trissino auf Pallanza.

schreiben läßt. Der an der Schulter angesetzte Vorarm muß stark, lang und muskulös, das Röhrbein kurz, kräftig und breit eingeschient sein. Die Fesseln seien nicht zu steil, lieber etwas lang und die Hufe breit und nicht zu klein. Kopf und Hals können nur insofern eine Rolle spielen, als es sich um ihren Ansatz handelt, der wiederum mit der Schulterlage eng zusammen= hängt. Es ist indessen durchaus nicht gesagt, daß ein hoher Auf= satz Voraussetzung ist, obwohl er natürlich zum harmonischen

Gebäude mit beiträgt, das schon der besseren Konservierung halber
stets von Vorteil ist. Ein nicht zu schwerer Kopf mag der Belastung halber für die Vorderbeine zuträglicher sein, als ein langer
und großer. Bezüglich des Rückens ist es im allgemeinen besser,
wenn er nicht zu lang ist. Während man vom modernen Steepler
eine gewisse Länge verlangt, die ihn kleine Fehler im schnellen
Sprung federnd wieder ausgleichen läßt, darf das Springpferd,
das sich vor dem
Sprung mehr
aufnehmen,
„setzen" soll, eher
den strammen,
karierten Typ
des wie mit Keu-
len zusammenge-
schlagenen Ath-
leten repräsen-
tieren. Nur muß
der „Schluß",
die Verbindung
der letzten Rippe
mit der Nach-
hand ebenso wie
beim Hindernis-
rennpferd gut ge-
schlossen sein,
d. h. kein großes

Lt. de Oliviera (Argentinien) auf Vizcacha.

Loch zwischen Mittel- und Hinterhand lassen. Schwachrückige
Pferde mit dachförmiger Nierenpartie können natürlich hier wie
dort kein Gewicht tragen und eignen sich zum Kriegspferd besonders schlecht. Die letzten Rippen sollen auch nicht zu kurz sein,
also nicht „zu aufgezogen" und wespenleibartig wirken.

Von größter Wichtigkeit ist ferner, daß das künftige Springpferd eine genügende Breite aufweist. Schmale Pferde besitzen meist
auch nicht die kräftigen und widerstandsfähigen inneren Organe, die
hier besonders nötig sind. Breite ist viel notwendiger als Größe
Im Gegenteil haben sich kleine breite Pferde — man denke nur

an die Poloponnies oft am allerbesten als Springer bewährt.
Besonders die Brust des Pferdes muß breit und tief sein und
zwar kann eine Dimension die andere zur Not ausgleichen.
Hauptsache ist eine gehörige Gurtentiefe, die im Inneren eine
kräftige Lunge vermuten läßt, die auch beim Springen eine nicht
unwesentliche Rolle spielt. Nie darf auch bei einem gutgemachten

Pferde der
Sattel nach
vorn rutschen.
Einen hohen
langen Wie=
derrist schätze
ich besonders
beim Pferde,
schon der an=
genehmeren
Sattellage
halber und
weil dieser
Teil des
Pferdes zum
Gewicht=
tragen beson=
ders kräftig
gebaut und
unterstützt
sein muß. An=

Absprung vom Wall in Pau.

dernseits hat z. B. der beste Steepler, den ich je besessen, so gut
wie keinen Wiederrist besessen, sondern war dort walzenartig rund.
Von ganz besonderer Bedeutung ist aber die Winkelung und Be=
schaffenheit der Hinterhand. Das Springpferd, das sich hoch zu
heben hat, bedarf ganz besonders einer kräftigen, gesunden Nach=
hand. Alle Linien, besonders die vom äußeren Darmbeinwinkel zur
Hüfte und von dieser zum Knie müssen recht lang und möglichst
spitzwinklig sein, damit die ganze Hinterpartie des Pferdes an
Schwere und Breite gewinnt. Ich verweise hier wiederum
auf das intensive Studium alter Steepler=Modelle, aus denen

man viel lernen kann. Charakteristisch für manche hervorragende Springpferde ist auch die außerordentliche Stärke ihrer
Schweifrübe. Die sogen. „Hosen" oder Turned Quarters sollen
möglichst breit, stramm und muskulös sein und in einem breiten,
trockenen, scharfgemeißelten Sprunggelenk auslaufen. Da dieses
Gelenk beim Sprungpferde naturgemäß besonders große Strapazen auszuhalten hat, ist es klar, daß sich Pferde mit schlechten,

Vom Internationalen Concours Hippique
zu Turin 1901: Hochsprung.

schwachen Sprunggelenken, Spatansatz oder verletzter Linie wenig
zum Metier des Springens eignen. Das Schienbein, das wiederum
im Gegensatz zum Oberschenkel möglichst kurz sein soll, muß breit
eingeschient sein. Von Fesseln und Hufen gilt dasselbe, wie von
den Vordergliedmaßen gesagte. Im allgemeinen können säbel-
beinige Tiere als weniger geeignet erscheinen, nicht wegen eines
schlechteren Sprungvermögens — im Gegenteil — sondern wegen
ihrer meist mehr oder minder schlechten Einschienung am Sprunggelenk, das dann leicht leidet. Meistens befinden sich aber auch
unter den hinten auffallend gerade gestellten Pferden, Nachkommen

beſtimmter Vollblutväter, vielfach ſehr gute Springpferde. Über=
baute Pferde ſind ebenfalls oft vorzügliche Springer. Ihre ſtarke
Richtung auf die Vorhand läßt indeſſen ihre Vorderpedale meiſt
frühzeitig leiden.

Die Schäden, die ſich Pferde durch Springen zuziehen ſind
aber im allgemeinen gar nicht zu vergleichen mit denen, den
Rennpferde durch ihren Beruf ausgeſetzt ſind. Beſonders Sehnen=

Lt. Graf Holck auf Carl Petrel.

leiden ſind bei Springpferden eigentlich ſelten. Das Springen
erſchüttert mehr Knochen und Gelenke und höchſtens der Feſſel=
beinbeuger leidet zuweilen mit der Zeit durch unglückliche Sprünge.
Was müſſen dieſe Tiere aber auch oft aushalten! Und wie oft
wirft nicht ein ungeſchickter Reiter ſeine ganze Laſt im falſchen
Moment auf die falſche Stelle! Daß es unter den alten Spring=
pferden manche gibt, die auf den Feſſeln verbraucht ſind oder in
den Knieen hängen, kann nicht Wunder nehmen — beſonders bei
Hochſprungpferden — doch läßt ſich ſchwer ſagen, ob dieſelben
Pferde nicht auch bei gewöhnlichem Gebrauch als Jagd= oder
Dienſtpferde ebenſo geworden wären.

Pullende Pferde, solche mit schlechtem Maul — oft eine Begleiterscheinung einer schwachen Hinterhand — sind zum Springen ungeeigneter als faulere Tiere. Es ist schwer, ihnen genügend

Commandant de Féline, Reitlehrer in Saumur.

Zügelfreiheit im Sprung zu geben, auch überhasten sie sich oft. Was die Stellung der Füße endlich anbelangt, so ist die korrekte hier auch sicher die beste Stellung. Unangenehm sind solche Pferde, die sich leicht greifen, streichen, klopfen, weil das sowieso beim Springen alles schon leicht vorkommt. Nach außen — französisch — gestellte Pferde sind mir daher noch lieber als einwärts gedrehte, wenn es nicht in zu starkem Maße der Fall ist und bei den Hinterbeinen bevorzuge ich die kuhessige, X=förmige ganz entschieden vor der tonnenförmigen O=Stellung, die meist zum Drehen der Sprung= gelenke nach außen führt und Streichen an den Fesselköpfen be= günstigt.

Lt. R. Graf v. Schaesberg=Thannheim (5. Ul.) auf Lump.

Wallache endlich sind meist geeigneter zum Springen als Stuten, die oft nervös, kitzelig, heftig und zudem den Schwächen ihres Geschlechts unterworfen sind. Jedenfalls erfordern sie eine subtilere Behandlung, als ihre männlichen Kollegen. Ausnahmen bestätigen natürlich auch hier die Regel, wie z. B. bei der be= rühmten französischen Wunderstute Jubilee, die noch 27jährig 1910 in London, Brüssel, Paris und anderen Plätzen viele Hochsprung=

konkurrenzen mit Sprüngen zwischen 2,20 und 2,30 m fester Höhe gewann!

Ganz verkehrt aber ist die Ansicht, daß zum Springen etwa ein besonders gezüchtetes „Spezialpferd" gehöre, wie man das so

Sprung in Biarritz.

oft hört. Davon ist gar keine Rede. Spezialpferde gibt es eben gar nicht. Sie müssen alle erst zum „Spezialisten" ausgebildet werden. Alle haben einmal anfangen müssen, ihre erste Hürde zu springen. Nur Fleiß, lange systematische Ausbildung neben einem gewissen naturgegebenen Talent können große Leistungen hervorbringen. Mittlere Leistungen sind bei viel Übung fast von allen normalgebauten Pferden zu erreichen. Eine große Rolle spielt aber auch der Begriff „Herz", Mut, Kaltblütigkeit, Überlegung und Ruhe, welche physischen Eigenschaften oft in der Dressur nicht genügend beachtet werden. Viel ist auch hier natürlich die Naturanlage, doch läßt sich ebensoviel fast durch ruhige, geduldige, sachgemäße Behandlung und Korrektur ausgleichen. Daß es keineswegs notwendig ist, Pferde von hoher Klasse, besonders teure Luxusexemplare zu kaufen, das haben die italienischen, französischen und belgischen Offiziere, die meist ihre Pferde den Remontedepots entnommen haben, in London bewiesen, wo sie das ausgesuchteste, beste Pferdematerial der Welt mit ihren — allerdings sehr sorgfältig eingesprungenen und vorzüglich gerittenen Pferden des gewöhnlichen Dienstes geschlagen haben!

Eine nähere Beleuchtung verdient endlich noch die Frage nach der Blutzusammensetzung und Rasse des zukünftigen Sprungpferdes. Ich lasse dazu ein besonderes Kapitel folgen.

Vollblut oder Halbblut?

Das Vollblut, der Rennsport und die damit zusammenhängende sog. Anglomanie auch in der übrigen Reiterei sind in den dreißiger und vierziger Jahren des vergangenen Jahrhunderts aus dem Mutterlande des Sports zu uns herübergekommen und haben in den nun folgenden nächsten Dezennien ihren sieghaften Triumphzug über alle veralteten Maxime in Reiterei und Zucht gehalten. Vollblut hieß auf einmal die Losung allüberall, und die fabelhaftesten Wunderdinge wurden über diese vollkommenste Pferderasse verbreitet. Was Wunder, wenn man in Zucht und Reiterei plötzlich zu dem Saft, der Unerhörtes schuf, in abgöttischer Verehrung aufblickte und in ihm das unfehlbare Allheilmittel zu jedweder Besserung sah. Man schleppte das unglaublichste Zuchtmaterial zusammen, wenn es nur auf der Rennbahn irgend etwas geleistet hatte, und warf in der Schulreiterei alle alten gutbewährten Grundsätze jählings über Bord. Alles war ja jetzt einfacher, idealer geworden. Man brauchte nur mehr die Beine abzuspreizen und den

Whisky (Hunter).

lang sich streckenden edlen Renner laufen zu lassen, so schnell und
solange er mochte und konnte, pharisäerhaft auf das altmodische
Gewimmel herabsehen,
das sich noch in stau=
bigen Bahnen mit so
lächerlichen Dingen,
wie Seitengängen und
Hufschlagfiguren ab=
mühte. Hie Sport, hie
Dressur, lautete bald
der Fehderuf, und
ähnlich ging es auch
in der Zucht. Unsere
Halbblutrassen wurden
immer feiner in den
Knochen, immer auf=
geregter und heftiger
im Temperament, ohne
aber die hervorragen=
den Eigenschaften
reinen Vollbluts zu
zeigen. Allmählich
mußte man indes von
dem beschrittenen Wege
umkehren und wieder

Lt. Lanckswoeert (2. belg. Guides) Sieger der
Military National 1910.

mit soliden, doch im Blute jetzt nicht mehr fernstehenden Hengsten
kreuzen. Doch diese vermochten jetzt nicht überall mehr durch=
zuschlagen, und die Schäden des alten Prinzips machen sich in
unserer Halbblutzucht noch bis auf den heutigen Tag unangenehm
bemerkbar. Kein Vollblut ohne Rennprüfung, kein Halbblut ohne
den immer wieder sich ergänzenden Zustrom konsolidierten hoch=
edlen frischen Halbbluts auf der Hengstseite — diese Grundsätze
bilden sich hier immer deutlicher aus den Erfahrungen heraus.
Nur in glücklicher Vereinigung beider Prinzipien liegt die Zukunft
      Ähnlich war es auch im Reitsport. Es war natürlich, daß
sich die jugendfrischen, tatenlustigen Elemente, die Freude am
Wagen und Gewinnen hatten, dem neuen Sporte begeistert an=

ſchloſſen und auf ihn allein ſchworen. Es konnte andererſeits auch nicht ausbleiben, daß die Gegenſtrömung, die bedächtigere, pedantiſchere Männer des Buchſtabens zu den Ihren zählte, ſich in ausgeſprochenem Widerſpruch zu den Gegnern ſetzte und daß heftige Polemiken und Meinungsverſchiedenheiten die Folge des

Lt. de Flavigny (franz. 3. Drag.) auf Général Jacquemont.
Sieger im Championat International 1909.

Kampfes waren. Nicht der eine, noch der andere wollte auch nur um Haaresbreite nachgeben, und ſo ſchien es lange aus= geſchloſſen, daß eine Partei von der anderen etwas annehmen, beide ſich verſtändigen konnten. Generationen mußten darüber alt werden und ins Grab ſinken.

Seit Roſenberg nun wiſſen wir, wie man ein Vollblutpferd zureitet, gehorſam macht, durchbiegt und dabei Rennen mit ihm gewinnt. Sehr wohl laſſen ſich die bewährten Grundſätze der alten Schule mit dem ſchneidigen flotten Vorwärtsreiten vereinigen.

Einseitigkeiten sind in jedem Falle zu verwerfen, Gehorsam und
Dressur bleiben für das Soldatenpferd zu seinem kriegsmäßigen
Gebrauch stets Vorbedingung, sind niemals andererseits aber der
Selbstzweck. Es ist heute kein Grund mehr vorhanden, zu streiten.
Über die Grundsätze könnte man sich wenigstens einig sein.

Nun haben die Fortschritte in der Zucht heute ein Halbblutpferd hervorgebracht, das dem älteren Vollblut zu Reitzwecken

Capitaine Dutech (12. Franz. Chasseurs à cheval)
championat militaire 1907.

vollkommen gleichberechtigt, wenn nicht gar überlegen an die Seite
gestellt werden kann. Vollblut ist heutzutage nicht mehr das
einzige, womit man schnell reiten, sicher überall durchkommen, lange
unterwegs sein kann. Noch der Berlin—Wiener Ritt zeitigte
eine gewisse Überlegenheit des Vollbluts über das bei diesem
Distanzritt vertretene Halbblut, obwohl der Sieger Athos nicht
Vollblut, sondern Halbblut war — Halbblut allerdings, so blut-
voll wie ich es meine.

Solches Halbblut ist, das gebe ich gern zu, auch heute noch
nicht verbreitet genug. Die Kunst, es zu ziehen, wird bei uns

noch nicht genügend gewürdigt und von den Konsumenten leider noch nicht genügend unterstützt. Es fehlt bei uns noch an Privat= gestüten, deren Zuchtziel ein solches hochedles Halbblut darstellt.

Der Staat, der in Trakehnen, Repitz und Beberbek, Zwion= Georgenburg und Neustadt a. Dosse solche Halbblutgestüte besitzt,

Leutnant de Maupéou.

die vorbildlich sein sollten, hat zum Teil dort schon ein derartiges Halbblut zu züchten vermocht. Nicht nur im Osten, sondern auch besonders in der Provinz Hannover wird bereits vielfach ein allen Anforderungen völlig entsprechendes Halbblutpferd gezogen. Rück= schläge und Zuchtfehler blieben hier wie dort natürlich nicht aus. Erst seit kürzerer Zeit legt man den entsprechenden Wert auf diese Zuchten, die für unsere Remontezucht und damit für die Kriegs= bereitschaft der Armee von hervorragender Bedeutung sind. Eng= land und Irland, mit ihren allerdings ganz besonderen klimatischen und Bodenverhältnissen, haben seit langem ein ganz anderes Geschick

in der Zucht eines den dortigen gesteigerten Ansprüchen entsprechen=
den Kampagnepferdes bewiesen. Ihre Hunterzucht ist weltberühmt.
Die edelsten Exemplare, Bluthunter, finden leider nur allzu selten
den Weg zu uns herüber. Ihre Schnelligkeit und Leistungsfähigkeit,
verbunden mit harten, praktischen Formen, beweisen augenfällig, wie
gut sich diese Eigenschaften mit kräftigem Knochenbau verbinden
lassen. Auch im Vollblut finden wir, in besonderem Maße in

Hunter (Broadwood).

Irland, noch zuweilen die großen, kräftigen Gestalten, wie sie früher
das Vollblut, als es durch Inzucht noch weniger geschwächt war,
vorzugsweise aufzuweisen hatte, und wie wir es noch vielfach auf
alten englischen Stichen finden. Solches Vollblut zu reiten und zu
besitzen ist eine Freude. Auch Frankreich hat in seiner konsequenten
Steherzucht derartige kräftiggebaute, frühreife Vollblüter hervor=
zubringen vermocht.

Die Größe und die Stärke ist es aber auch nicht allein, die
solche Tiere zu Reitzwecken hervorragend geeignet machen; es gibt
auch kleinere, aber dafür stramme, breite Pferde, die sich für leichte
kleine Reiter oft ganz vorzüglich bewähren. Dies gilt sowohl im

4*

Halbblut, als auch beim Vollblut. Leider aber ist das Gros des Vollbluts, das zu mäßigem Preis auf den Markt kommt, weder groß noch stark, noch auch nur klein und breit, sondern schmal und fein. Das bringt die beim Vollblut immer wieder notwendige Blutzufuhr von besonders schnellen, im Rennen erprobten Tieren mit sich, die nicht ganz ausgeschaltet werden können, oder es treten eben Rückschläge aus einer Zeit ein, wo man auf Exterieur neben der Rennfähigkeit noch zu wenig Wert legte. Starke und dabei früh rennfähige Tiere, die sich auch sonst zur Zucht eignen, bleiben naturgemäß immer selten. Im Handel sind starke, gute Vollblüter ganz besonders teuer. Für den Offizier bleibt meist nur das übrig, was auf der Rennbahn schon verbraucht oder als zu minderwertig abgestoßen ist. Gang, Trabaktion, Rücken, Aufsatz, alles Dinge, die für ein Reit= und Gebrauchspferd von größter Wichtigkeit, haben diese sogen. Vollblutkatzen meist wenig oder gar nicht. Vollblut ist eben seit Jahrhunderten lediglich auf Schnelligkeit, flachen Galopp= sprung, Vermeidung jeder überflüssigen höheren Aktion und auf das zum Sichstrecken praktischste Gebäude hin gezogen.

Anders sind die Forderungen, die wir an ein Pferd fürs Gelände, für den Krieg stellen. Das soll kräftiger, härter, anspruchs= loser, widerstandsfähiger, breiter sein, soll höheren Aufsatz und Tritt, gutgeschlossenen, wenn auch nicht zu kurzen Rücken haben und im Temperament ruhig sein. Dabei soll es aber vom Vollblut den ihm nötigen Teil Schnelligkeit und Zähigkeit haben, um so seiner vielseitigen Verwendung im Kriege voll zu entsprechen. Wir sind nicht so reich wie der Engländer, der für die Jagd den Hunter, die Promenade den Hack, das Reitpferd, für den alten Herrn den bequemen rundlichen Cob, für die Verwendung im eleganten Ge= fährt den idealen Hackney züchtet. Wir brauchen ein Universal= halbblutpferd, einen hochedlen Hunter ohne allzu hohe Knieaktion, doch mit viel Hals, Stärke, Breite, bravem Temperament und vor allem Galoppiervermögen.

In unserem vorzüglichen ostpreußischen Charger, in Halb= blütern wie Orange, Monarchist, Ready, sehen wir bereits einen derartigen Typ verkörpert. Der sehr gesunde, im Osten der Mo= narchie blühende Halbblutsport und der immer mehr Verbreitung findende Concours= und Distanzrittsport werden immer mehr, immer vollkommener solche Tiere schaffen. Die letzten großen französischen und österreichischen Distanzritte haben das Halbblut (Midas) vollwertig an die Seite des Vollbluts gestellt, und je

Oblt. v. Guenther (6. Ul.) auf Pompadour (ostpreußisches Halbblut) über dem Holzstoß in Frankfurt a. Main (Poloplatz).

kriegsmäßiger und schwieriger die heutigen Distanzritte und Raids werden, umsomehr muß die Überlegenheit des Halbbluts für diese Zwecke in die Augen springen. Daß es nicht das Blut allein tut, hat wiederum der Sieg der ostpreußischen Halbblutstute Gretchen über die Vollbluttraberzucht in der jüngsten Distanzwagenfahrt Wien—Berlin bewiesen.

Was ist überhaupt Halbblut? Dieser Begriff ist außerordentlich dehnbar. Alles, was nicht 16/16 nachweisbares Vollblut, aber auch nicht rein kaltblütig ist, kann auf die Bezeichnung Halbblut Anspruch erheben. Nur ein nachweisbares Blutpferd muß der Stammbaum enthalten. Steepler von höchster Klasse, wie Handy Andy, Porridge, Valrath, waren nominell — und auch ihrem Exterieur nach Halbblut. Gleichwohl war das in ihnen enthaltene Blut doch so stark, ihre meisten rein vollblütigen Konkurrenten auf der Steeplechasebahn überlegen zu schlagen. Aber gerade der kleine Prozentsatz guten, kräftigen, kampagnemäßigen Halbbluts mag den Ausschlag zu ihren besonderen Talenten auf der Jagdbahn gegeben haben. Auf der Flachen hätten sie sich wohl nicht so gut bewährt. Solche großen Steeplergestalten brauchen auch mehr Zeit zur Entwicklung und sind als Zwei- und Dreijährige meist noch „Schlackse", als Vierjährige oft noch in der Entwicklung begriffen und daher noch nicht auf der Höhe ihrer Leistungsfähigkeit.

Rittm. Waydelin (4. Chevaurlegers) auf Mann im Mond I v. Milchmann, gezogen im Gestüt Emmahof in Hessen.

Hinzu kommt noch die Temperaments- und Reiteignungsfrage. Der Vollblüter wird oft, um nicht zu sagen meist, auf der Rennbahn für den Gebrauch als Reitpferd ziemlich verdorben. Neben der oft künstlich erzeugten Hartmäuligkeit in den Rennställen, die Oettingen als „Brutstätten harter Klauen" bezeichnet, sind aber auch im allgemeinen die Zwecke zu verschieden, als daß eines mit dem anderen Hand in Hand gehen könnte. Das Temperament mancher Vollblüter ist ja vorzüglich, ihre Gehlust prachtvoll (oft aber bei den sonst Kalten gerade nicht!), ihr natürlicher, durch den Renngalopp erzeugte Schwung von hinten ideal und ihre Genickschwierigkeiten meist gering. Das alles sollte sie eigentlich sehr zum Reitpferd stempeln. Viele Vollblüter sind ja auch

schon „vom Hengst geritten". Aber trotzdem, wie wenige Vollblüter sind wirklich gute Reitpferde! Liegt die Schuld allein in
der oft — zugegeben — mangelhaften Reiterei?

Ich glaube, nicht allein. Vielfach wird ja die Dressur mit
solchen Pferden übereilt, es wird zu viel von ihnen verlangt, nicht
die nötige Geduld auf sie verwendet. Aber auch ihre angeborene
Empfindlichkeit, Kitzlichkeit, Heftigkeit und ihr zuweilen zu Reitzwecken sehr wenig günstiges Gebäude (hohe steife Hinterhand,
langer Rücken, tiefer Halsansatz usw.) sowie ihre schleichende
Aktion machen sie vielfach zu ihrem neuen Zwecke ungeeignet.
Im Terrain, über schwere Hindernisse fehlt ihnen wiederum das
durch Generationen vererbte Springvermögen, oft auch das Herz,
ihre flache Aktion macht sich unangenehm fühlbar, sie stolpern,
pullen, bohren leicht, und die zu schwachen Sprunggelenke vermögen nicht, den schweren Reiter entsprechend hoch über das
Hindernis zu heben. Das „Wischen" wird hier zum Verhängnis.
Der kleine Huf versinkt im tiefen Boden, und zu schnell verbrauchen sich die Kräfte des aufgeregten Tieres. Nach einem anstrengenden Jagdtage, der von morgens bis zum Abend dauert,

Rittm. Waydelin (4. Bayr. Chevauxlegers) auf Wegelagerer
(deutsches Halbblut).

fallen sie total ab, magern, wie auch im Manöver, skelettartig ab
und sind dann nur noch der Schatten ihrer selbst, während der

robuſtere, anſpruchsloſere Halbblüter ſelbſt bei langem harten Dienſt, ſchlechtem Stall und wenig Pflege immer noch munter iſt, dick und rund ausſieht, frißt und ſich durch nichts aus ſeiner Gemütsruhe bringen läßt.

Welches Pferd, immer im allgemeinen geſprochen, für den Kriegsdienſt brauchbarer iſt, leuchtet ein. Eine Schwadron, auf Vollblütern beritten, möchte im Kriege nicht mit einer Schwadron auf oſtpreußiſchen Halbblütern konkurrieren können. Ihre Haut iſt empfindlicher, ſie ſind leichter gedrückt, verletzen ſich eher im engen Stall und auf der Straße uſw. Last not least, können Vollblüter — Hand aufs Herz — nur wenige reiten. Schwere Leute auf leichten Vollblütern ſind ein häßliches Bild. Vollblut war Mode von vorgeſtern, iſt es aber heute ſchon lange nicht mehr. Ausnahmen ſind ſelbſtverſtändlich ſtets beſonders zu begrüßen.

Es fehlt nur noch bei uns, daß der junge Halbblüter beim Züchter ſchon ſo ſyſtematiſch eingeſprungen und eingejagt wird, wie beim iriſchen Farmer und früh genug Hafer erhält; das iſt iſt aber auch bei uns mehr und mehr durchgedrungen.

Reitſport und Zucht müſſen zur Hebung des deut= ſchen Halbbluts Hand in Hand gehen. Angabe der Ab= ſtammung bei Nennungen, Züchterprämien, Begünſtigung des in= ländiſchen Materials, Provinzbrände uſw. würden viel Nutzen bringen. Wir müſſen dahin kommen, daß der deutſche Hunter, der jetzt oft genug noch als Engländer in den Handel kommt, ſich ſeiner Abſtammung getroſt rühmen darf und daß das „made in Germany" auch hier zum Ehren= namen wird. Der deutſche Offizier auf deutſchem Halbblüter be= ritten, das wird wohl das Ideal einer nicht mehr  allzufernen Zu= kunft ſein. Dann werden auch ge= nügend Geſtüte erſtehen, die ein unſeren Erfor= derniſſen entſpre= chendes Pferd liefern werden.

Das Training des Springpferdes.

Der Springsport ist für uns in Deutschland eine noch ziemlich neue Sache. Zwar hat sich das Niveau der Leistungen in der letzten Zeit ganz bedeutend gehoben, und wir verfügen bereits über einige Springpferde, die diesen Namen auch wirklich verdienen, allein zu einer allgemeinen Wertschätzung dieses interessanten Sports und seiner Bedeutung sind wir noch lange nicht gediehen. Die Sache sieht für den Beschauer so einfach aus, jeder glaubt eo ipso von dem Springen etwas zu verstehen, und tatsächlich sind auch die kleineren Springkonkurrenzen bisher häufig geeignet gewesen, ein falsches Bild von dem Wesen der Sache zu geben. Immerhin müßten die teilweise kläglichen Ergebnisse zum Nachdenken anregen, warum oft sonst gute und geschickte Reiter in diesem

Capitän Caprilli †.
(Italien Reitschule.)

Sportzweig nicht zu besseren Resultaten gelangen konnten, obwohl sie sich mit Fleiß und Eifer der Sache angenommen hatten. Dieser

58

Umstand hat die Einsichtigen bald erkennen lehren, daß die Spring=
wissenschaft durchaus nicht so einfach ist und der eiserne Bestand
an springtechnischen
Vorkenntnissen aus
der eigenen Erfah=
rung oder Beleh=
rung hier in keiner
Weise ausreicht.
Wer Steeple-
Chase oder selbst
wirklich schwere
Jagden geritten,
wohl auch sonst ein=
mal Pferde zu ähn=
lichen Zwecken ein=
gesprungen und so=
gar alle sich ihm nah
und fern bietenden
Hindernisse mit
seinen Pferden ge=

Mr. W. Winans' St. Olaf
beim Training im Surrenden Park, Pluckley, Kent.

sprungen hat, besitzt immer noch lange nicht die entsprechende
Kenntnis von dem Wesen und den Schwierigkeiten einer wirklichen
Vorbereitung von Springpferden zu Concours. Nur verschwindend
wenige sind bisher tiefer in die Sache eingedrungen, und nur die,
die selbst regelmäßig Pferde zu Springleistungen vorbereitet haben,
dürften überhaupt diese Kunst voll zu würdigen wissen. Aber
selbst die tappen meist noch mehr oder weniger im Dunkeln über
die Wege, die sie einzuschlagen haben, um Erfolg zu erringen.
Alles ist hier Erfahrungssache, und eben diese Erfahrung fehlt
uns bisher.

Es bleibt daher nicht viel anderes übrig, wenn wir Umwege
meiden wollen, als uns die Erfahrungen dort zu holen, wo man
sie schon längst gesammelt hat, im Ausland. Dort ist man zu
der Einsicht gelangt, daß nur systematische Schulung — die uns
eben noch fehlt — aus den Pferden das zu machen versteht, was
wir von einem zuverlässigem Springpferde verlangen und daß
diese Kunst eine äußerst schwierige und takterheischende sei.

Hindernisse von 80 cm fest und 2 m Breite zu nehmen, womöglich im Jagdfelde, ist ganz etwas anderes. Auch gelegentliche Zufalls= sprünge von weit höheren oder breiteren Maßen beweisen noch nichts. Erst bei Sprüngen von einem Meter an aufwärts und von Gräben von 2½ m an fängt die Schwierigkeit und Kunst an. Hunderte von Kilometern mit Pferden reisen, um in kurzen Augenblicken einige Hindernisse vor der Öffentlichkeit fehlerlos zu springen, erfordert peinlichste Vorbereitung. Über die Maße der Sprünge selbst herrschen im allgemeinen die willkürlichsten An= nahmen. Wenn man manchen Reitersmann des Abends beim Biere hört, hat er wunder welche Höhen gesprungen! Und erst die fast fabelhafte Breite aller fliegend genommenen Gräben.!!! — Nur der nüchterne Zollstock gibt dem damit Geübten den sicheren Anhalt für „Sein oder Nichtsein". Auch die Ansicht, daß diese Springausbildung eine etwas brotlose Kunst sei, wird von manchem unserer älteren Semester noch vielfach mit einer Sicherheit geäußert, die den Uneingeweihten leicht auf irgend eine autoritative Sach= kenntnis schließen lassen könnte. Das Gefühl aber, das ein wirklich gut eingesprungenes Pferd seinem Reiter gibt, den ganz anderen Maßstab, den die Sicherheit in jedem Terrain dem Reiter verleiht, die Keckheit, mit der man der Verfolgung durch feindliche Reiter entgehen kann und sich daher ganz anders der Gefahr aussetzen darf — von dem allen hat der Theoretiker eben keinen Schimmer!

Lehrreicher aber noch wie die Anwendung der fertigen Kunst insbsondere für den Kavalleristen ist das Spring= training, die systematische Vorbereitung des Pferdes zu solchen Leistungen. Im wahr=

Capitän Caprilli †, Reitlehrer in Tor di Quinto auf der Trainierbahn.

sten Sinne ein ritterlicher, kavalleristischer Sport! Schneid und Ka'tblütigkeit, Ruhe und blitzschnellen Entschluß fördernd und

60

belebend, bringt diese Beschäftigung den Ausübenden in unmittel=
barste belehrendste Verbindung mit der Psyche des Pferdes, wie
keine andere, und lehrt das individuelle Eingehen auf die Eigen=
tümlichkeiten unserer lebendigen vornehmsten Waffe, des Pferdes.

Über die Art des Einspringens, das wieviel und wie
hoch, das wie häufig und wie fest, gehen nun die Ansichten so
weit auseinander, daß der junge Offizier sich schwer seinen Vers
daraus machen kann und so schließlich auf seine eigenen Erfahrungen
und voraussichtlichen Mißerfolge angewiesen bleibt.

Soll man nun
an der Hand
oder Longe oder
gleich unter dem
Reiter einsprin=
gen? Zu Anfang
wird das Freisprin=
gen ohne Reiter
unzweifelhaft von
großem Nutzen sein.
In vorgeschrittene=
ren Perioden läßt
sich darüber streiten.
Herr von Guenther
ist z. B. kein großer
Freund davon. Es
läßt sich nicht leug=

Im Hofe der Olympia-Hall.

nen, daß man das freispringende Pferd nicht so in der Gewalt
hat, und daß es sich möglicherweise hier Fehler und Ungezogen=
heiten angewöhnen kann, die nachher unnütze Arbeit machen, bis
man sie wieder herausgebracht hat, auch muß sich das Pferd
später unter dem Mann doch wieder ganz anders sein Gleichgewicht
und seine Kräfte einteilen lernen. Der Reiter selbst wird endlich,
wenn er zu viel an der Hand springen läßt, sein Pferd nicht so
genau kennen lernen und nicht die so notwendige persönliche Übung
erhalten, als wenn er selbst im Sattel sitzt. Dagegen hat wieder
das Freispringen den außerordentlichen Vorteil, daß das Pferd,
— besonders wenn ein geeigneter Sprunggarten (couloir) zur

Verfügung steht — ganz unbehindert, hier mehr Vertrauen faßt
und Fehler weniger verhängnisvoll wirken, als unter dem Reiter.
Man wird dieser Art kaum ganz entraten wollen. Im Ausland
spielt Longe und Kappzaum eine bedeutende Rolle beim Einspringen. Es ist aber ganz individuell, und allgemein feststehende

Oberst von Pongracz beim Sprung über den Frankfurter Wall 1910.
(Das Pferd springt unnötig früh ab.)

Regeln lassen sich überhaupt nicht geben. Daher ist dieses Training
eine Kunst, so schwer, wie die des Renntrainings, ja sie erfordert
wohl noch mehr Fleiß und Geschick, als jene. Hier wie dort, sind
die Gaben natürlich verschieden verteilt. Es gibt überlegene
Renn= wie Springpferde. Bei ersteren bleibt Trainer wie Reiter
aber wohl weniger Arbeit zu einem Erfolge, als beim klippen-
reicheren Springsport.

62

Zunächst muß das angehende Springpferd sicher tarieren und seinen Absprung bemessen lernen. Dazu dient am besten eine nicht zu dicke unmwickelte harte weißgestrichene Springstange oder deren zwei übereinander, am besten auf einem Gestell, ähnlich unseren Schnursprunggestellen, aufliegend. Man kann so an der Hand schon die Manier des Sprunges eines Pferdes erkennen und oft schon korrigieren, ohne daß das Pferd das Vertrauen verliert. Es ist eine Hauptsache, das Pferd weder zu ermüden und zu überanstrengen, noch auch ihm die Lust an der Sache zu nehmen. Wenn ein Pferd das Herz verliert, so ist meistens fehlerhaft mit ihm verfahren worden. Es gibt unter den Springpferden ebensoviel Rogues, wie bei den Rennpferden. Das Springen ohne Reiter hat endlich den Vorteil, daß es gestattet, das Pferd mit einem Mindestmaß von Kräften und Verbrauch seiner Beine ein Maximum an Höhe springen zu lassen. Wenn das ja auch nicht dasselbe ist wie unter dem

Herr. Aug. Andreae auf Union.
(Muster eines geschickten Wallabsprungs).

Reiter, so ist es doch eine vorzügliche Vorbereitung, die die Arbeit unter dem Reiter wesentlich erleichtert und abkürzt. Belgier, Franzosen und Italiener bedienen sich zum Freisprung in der Reitbahn stets der Longe, die richtig zu handhaben indessen gar nicht so leicht ist.

Eine weitere Frage ist die des Gewichts. Natürlich spielt das auch hier seine gewisse Rolle. Wie aber beim Rennen ein schlechtes Pferd selbst unter einer Briefmarke kein Handicap gewinnen wird, so kann ein unsicheres oder schlechtes Springpferd

63

ebenfalls unter Federgewicht sein absolutes Springvermögen und seine Geschicklichkeit nicht verbessern.

Lt. Graf v. Schlitz gen. v. Goertz u. Wrisberg (16. Ul.) auf dem Frankfurter Wall.

Da bei wenigen Sprüngen und kurzen Entfernungen und Tempos die Ermüdung auch nicht so fühlbar wird, so spielt hier das Gewicht eine verhältnismäßig geringere Rolle als etwa bei den Jagdrennen. Sehr leichte Reiter verfügen zudem oft nicht

über die nötigen Körperkräfte, um ein Pferd genügend zu unter=
stützen. Dagegen wächst die Bedeutung des Gewichts beim Hoch=
sprung und besonders langen und schwierigen Konkurrenzen. Hier
wird der Reiter von 70 kg dem von 80 kg gegenüber im Vor=
teil sein, wenn dies auch lange nicht allein ausschlaggebend ist.
Das sollen natürlich keine Grenzen, sondern nur Mittel sein.
2 Zentner=Jockeys werden wohl kaum in Hochsprung=Konkurrenzen
reiten. Es fragt sich ferner, ob man viel oder wenig, oft
oder nur selten springen soll? Diese Fragen haben schon viele
Köpfe beschäftigt, und ihre Beantwortung kann nur dieselbe sein,
wie wenn man in gleich allgemeiner Form einen Trainer fragen
wollte, wieviel Canter und Galopps man einem Pferde geben
müsse, um Rennen zu gewinnen! Das richtet sich ganz nach dem
Pferd und dem Gefühl. Darin besteht eben die Kunst, das Rich=
tige zu treffen! Im allgemeinen, soweit sich überhaupt allgemein
sprechen läßt, darf man sagen, daß bei uns eher zu wenig, als zu
viel geübt wird. Übung macht eben auch hier den Meister. Auch
hapert es meist an dem nötigen technischen Apparat usw. Zum
Einspringen gehört eine regelrecht angelegte Springbahn (Piste) oder
ein entsprechender Sprunggarten (Couloir) mit den verschiedenen
Arten von Hindernissen, die je nach dem Stadium der Springaus=
bildung des Pferdes höher oder niedriger, breiter oder schmaler
gestellt werden können. Man wird zu dem eine jährliche Ruhepause
einlegen, wo die Pferde gar kein Hindernis zu sehen bekommen, man
wird sonst mehrmals in jeder Woche vor Concours leichtere Spring=
arbeit verrichten und etwa ein= bis zweimal wöchentlich ernstere
Prüfungen nach der Art des bevorstehenden Concours vornehmen,
dabei mit den Hindernisarten entsprechend wechselnd. Es empfiehlt
sich, nicht immer dieselben Hindernisse zu springen. In dieser Art
arbeiten auch alle erfolgreichen Concoursspringer. Pferde, die
auf der Höhe sind und schon auf verschiedenen Concours erfolg=
reich gegangen sind, brauchen entsprechend weniger Arbeit als
solche, denen noch Routine und Erfahrung fehlt. Je schlechter
Pferde noch springen, desto mehr Übung brauchen sie. Am
schwierigsten ist es mit Pferden, die unsicher springen, viele Arbeit
aber doch übelnehmen oder solchen, die schon gründlich verdorben
sind. Da befindet man sich, wie so oft bei derartigem Training,

im schönsten Dilemma, aus dem nur reiche Erfahrung und feines
Gefühl einem den richtigen Mittelweg zeigen können. Schlimm
ist auch die Sorte älterer routinierter Springpferde, die alles so
genau kennen, daß sie wissen, daß die oberste Stange meist nicht
fest und die Gräben meist seicht sind und nun einfach durch=
galoppieren und gegenspringen. Nicht leicht ist ebenfalls die Kor=
rektur des verpönten Anstreifens. Es fragt sich da, ob man zum

Se. Kgl. Hoheit Leutnant Herzog Franz Joseph in Bayern
auf Black Diamond (Irland).

Niedrigeren zurückkehren oder, wenn der Wischfehler auch hier
mehr aus Unachtsamkeit oder Leichtsinn geschah, zum Erhöhen
schreiten soll, was auch zuweilen von Erfolg sein kann, ob man
überhaupt die in der Konkurrenz erforderte volle Höhe springen,
gar darüber hinausgehen oder darunter bleiben soll? Wenn man
seiner Sache sicher sein will, dürfte wohl die geforderte volle Höhe
das Mindeste sein. Hat man aber ein jüngeres Pferd, das erst
einmal mitlaufen soll, um die nötige Ruhe und Routine zu er=
langen, so wird man in der Arbeit nicht ganz die Concourshöhe
verlangen. Zu Hochsprung=Konkurrenzen über eine gewisse Höhe

hinaus einzuüben (sagen wir für unsere deutschen Verhältnisse etwa
1,50—1,60 m) halte ich für direkt verkehrt. Zu häufiges Ab-
fordern der höchsten Leistung regt die Pferde auf, überanstrengt
ihre Organe und verdirbt sicher den Charakter. Alles ist Gefühls-
und Erfahrungssache.

Herr H. Hasperg jr. auf Cleric.

Jedenfalls ist mit gezeigten Arbeitsleistungen noch garnichts
bewiesen. Im Concours treten noch ganz besondere in der Arbeit
fehlende psychologische Imponderabilien hinzu. Die Nerven
der Pferde spielen hier allzu oft der fleißigsten Vorbereitung einen
üblen Streich. Aber sie sind nun einmal da; genau wie beim
Menschen, der gewöhnlich öffentlich auch weit schlechter reitet, als

allein bei sich zu Hause. Aber auch Pferde sind nun eben keine Maschinen und gehen nicht das eine Mal wie das andere. Eine „Papierform" zu konstruieren wäre im Springsport noch trügerischer, als beim Rennen!

Wie man sieht, erfordert die Schulung eines Pferdes zum veritablen Gelände- und Concours-Pferd sehr viel Passion, Mühe, Fleiß und auch Zeit. In wenigen Wochen ist es nicht getan und ein Fehler, eine einzige falsch angebrachte Hilfe oder Heftigkeit des Lehrers kann leicht den Erfolg von monatelanger Arbeit vernichten. Die Italiener und Franzosen rechnen zur Vorbereitung eines Pferdes zu Concoursspringen zwei Jahre, zum Hochsprung vier Jahre. Geduld, Ruhe und noch einmal Geduld, das ist aller Weisheit letzter Schluß!

Es ist vielleicht nicht ganz über=

Rittm. d. Res. A. Andreae (13. Huf.), Potsdam.

flüssig, dem Training des Pferdes einige Worte über die Vorbereitungen des Reitersmanns folgen zu lassen. Auch die gehört nämlich zum Erfolge. Ganz so einfach, wie die Sache aussieht, ist sie doch nicht.

Vor allem muß der Reiter vorher genügend viel gesprungen haben, und zwar möglichst ähnliche Höhen, wie die Hindernisse der betreffenden Konkurrenz. Alles im Leben ist Übungssache und Übung macht auch hier den Meister. Es gilt jetzt nicht nur, die genügende körperliche Geschmeidigkeit zu besitzen, dazu genug in Atem zu sein, um nicht bei vielleicht wiederholtem und langen Ritt (z. B. bei Springprüfungen auf einem größeren Platz) zu ermüden, auch die Aufregung, das Lampenfieber, von dem niemand wenigstens für die ersten Momente des öffentlichen Auf=

5*

tretens nach längerer Pause gänzlich frei ist, läßt zuweilen die
Kräfte früher abnehmen, als man für möglich halten sollte. Die Folge
ist mangelhafte Unterstützung des Pferdes, die sich durch Fehler
bemerkbar macht. Auch ein zu gutes Frühstück, womöglich mit
reichlichem Alkohol vermeide man vor der Konkurrenz. Endlich
taugt das viele Zigarettenrauchen auch nichts für Magen und
Nerven. Und die spielen nun einmal bei allem öffentlichen Auf-
treten eine gewisse Rolle. Vor Springkonkurrenzen ist ja gottlob
ein Training, wie vor dem Rennen, wo sich schwerere Leute
morgens vorher noch kiloweise den Schweiß im römisch-irischen
Bade abzapfen lassen müssen, nicht nötig. Immerhin ist auch
hier der in körperlich besserer Kondition Befindliche im Vorteil.

Wer schwer ist, dem rate ich — aus eigenster, reichhaltigster
Erfahrung — mehr zum Schwitzgehen, besser noch Tennisspielen,
Golf, Tanzen und jeder anderen Bewegung, als zu den auf die
Dauer wenigstens schädlichen und unwirksamen künstlichen Schwitz-
sitzungen und Latirpillen. Baden dagegen in jeder Form, auch
in der Luft, ist ganz vorzüglich. Viel Schlafen endlich und viel
Trinken macht schwer. Man esse und trinke mit Mäßigkeit, ohne
sich aber durch qualvolles Versagen aller Lieblingsspeisen auf die
Dauer nervös zu machen.

Ein glänzendes Beispiel für solides, mäßiges Leben bildet
der deutsche Spring-Champion, Herr von Guenther, der weder
Alkohol noch Nikotin zu sich nimmt und infolgedessen stets gleichmäßig ruhig, Pferdemann
liebenswürdig seit vielen Jah-
und geduldig ren mit seinem
bleibt, auch mit gesamten, zum
seinen Pferden. Teil aus Char-
Und diesem genpferden be-
Umstande stehenden Ma-
möchte ich nicht terial in allen
zum Wenigsten Spring-
die enormen konkurrenzen
Erfolge zuspre- Deutschlands
chen, die dieser erzielte.
hervorragende

Das Einspringen.

Wenn zunächst einige Skizzen von den Schwierigkeiten entworfen werden, die sich oft dem Einspringen entgegenstellen, so sei von vornherein bemerkt, daß ein Anspruch auf erschöpfende Lückenlosigkeit dieser Ausführungen nicht gestellt wird. Der Abarten und Verschiedenheiten in der kriminalistischen Pferdewelt sind so mannigfache und viel-

Korrekturmittel der Caprilli'schen Schule:
Hochsprung mit auf den Hals geworfenen Zügeln
und mit „Barre".

seitige, daß es den Rahmen dieser Zeilen bedeutend überschreiten würde, auf alle Details und auf alle Korrekturen einzugehen. Die Grenze, wo das Verbrechen anfängt, wo einfache Ungezogenheit aufhört, ist schwer zu ziehen. Kriminelle Anlagen haben viele Pferde. In des einen Hand entwickeln sie sich zum Verbrecher par excellence, während sie bei einem anderen korri-

giert und ganz brauchbar werden. Es handelt sich bei der
Korrektur zunächst um psychische Faktoren. Man unterschätzt
im allgemeinen den Intellekt des Pferdes ganz bedeutend. Besonders Gedächtnis und Ortssinn findet man auf das wunder-
barste ausgeprägt. Ferner muß man sich in die der Rasse eigen-
tümliche Kampfesweise einleben. Pferde entziehen sich drohender
Gefahr durch die Flucht (Durchgehen, Kehrtmachen, Ausbrechen,
Scheuen), sie greifen offensiv an mit den Vorderhufen, den Zähnen,
gewöhnlich dem Schlag des Hinterhufs, endlich suchen sie sich durch
An-die-Wand-Drängen, Bocken, Steigen oder Rückwärtslaufen,
seltener durch Hinwerfen und Wälzen einer ihnen unbequemen
Last (Sporn, Schenkel oder gar Reiter selbst) zu entziehen oder
zu entledigen.

In allen Fällen muß man zunächst dem Grund des Ungehorsams auf die Spur zu kommen suchen und dann das Übel
bei der Wurzel ergreifen und ausrotten. Vorbeugungsmaßregeln
werden also auch auf diesem Gebiete am meisten Erfolge haben.
Es gilt ferner, den Moment des Ungehorsams schon voraus-
zufühlen, und ehe es erst dazu gekommen ist, mit seinen Gegen-
maßregeln einzusetzen. Kommt man damit eine Sekunde nur zu
spät, so ist oft der Erfolg bereits in Frage gestellt. Die Ungezogenheit des Pferdes nimmt dann leicht dem Reiter den Sitz
oder die Hand oder beides; er hat genug zu tun, sich oben zu
halten, das Pferd wieder zu wenden usw. und keine Hand frei.
Ist das Pferd einmal aus der Vorwärtsbewegung (in der am
wenigsten passieren kann) heraus und zum Stehen gekommen, so
ist die Situation für den Dresseur zu Pferde schon unangenehmer.
Zu Fuß aber Ungehorsam bezwingen zu wollen, gar mit rohen
Mitteln, würde ganz und gar den Zweck verfehlen. Dieses unfaire Spiel wird das Pferd niemals anerkennen und dem Reiter,
sobald er wieder aufgesessen ist, beweisen, daß es sich noch keineswegs besiegt fühlt, im Gegenteil meist bösartiger werden.

Die meisten Pferde werden erst vom Menschen verdorben.
Unverständige Behandlung, Schläge, Zuvielverlangen (mehr, als
das Pferd leisten kann), Strafen statt beruhigender Belehrung bei
Ängstlichkeit des Pferdes sind die häufigsten Ursachen, daß Pferde
zu „Verbrechern" werden.

Je nach ihrem Temperament und ihren Anlagen und Nerven wird das in höherem oder geringerem Grade der Fall sein. Im allgemeinen aber ist das Pferd, je edler es im Blut, desto leichter verdorben; bei richtiger, ruhiger Behandlung aber dafür auch um

Gebrauch der „barre de fer".

so gelehriger, treuer, zäher und dankbarer. Von stätischen Pferden und solchen, die an Dummkoller leiden, spreche ich hier nicht. Die Diagnose dafür zu stellen, ist oft nicht einfach. Das fällt auch mehr ins Gebiet des Veterinärs, als in das des praktischen Reiters. Reden wir also von noch korrigierbaren Tieren.

Es gibt zwei Methoden der Korrektur: eine durch Milde und eine durch Strenge. Letztere ist durchaus nicht immer die bessere.

Auch beim Pferde gilt der Satz vom überspannten Bogen und
der von den gestrengen Herren, die nicht lange regieren. In der
Mehrzahl der Fälle des Kampfes zwischen Roß und Reiter, aus
deren Permanenz eigentlich die ganze Reiterei sich zusammensetzt,
bleibt das Pferd Sieger. Meistens sogar, ohne daß der Reiter
sich dessen bewußt ist. Nur bei eklatantem Nichtnachgeben und
Ungehorsam regt sich der Zorn des Reiters, der nun dem Pferde
„doch mal zeigen will, wer eigentlich der Herr ist". — (Schon
manchen sah ich kläglich enden . . . .!) Man ist nur zu sehr geneigt, das Pferd als Maschine und nicht als Lebewesen mit selbst-
ständigen Gehirnfunktionen zu betrachten. Erst Alexander der
Große drehte bekanntlich den braven Bucephalus herum, der vor
seinem Schatten scheute und sich nicht besteigen ließ, nachdem sämtliche Stallmeister mit dem Hengst nicht hatten fertig werden können.
Im Zeitalter des Rades, des Autos und Aeroplans wird die
Neigung, das Pferd jenen leblosen Gebilden aus Menschenhand
fälschlich gleichzuachten, zweifelsohne noch zunehmen.

Wer mit Milde zum Ziele gelangen will, dreht — um die
Sache an einem Beispiel schnell klar zu machen — sein refü-
sierendes Pferd vor dem Hindernisse einfach um und versucht sein
Glück in der größten Gemütsruhe nun nochmal von der anderen
Seite. Vielleicht springt dann sein Pferd, und er hat Erfolg.
Sicher ist das aber keineswegs.

Wer den Kampf nicht mit sicherer Siegeszuversicht aufnehmen
kann, der tut klüger, dann sich gar nicht erst auf einen solchen
einzulassen. Es braucht dies nicht einmal ein schwacher Reiter
zu sein. Im Gegenteil, wir finden die schlechten meist kampflustiger
gestimmt, als den erfahrenen guten Reiter und Pferdemann. Auf
einem jungen rohen Pferde, beispielsweise, oder auf einem Rennpferde, das nicht den unbedingten Gehorsam, nicht einmal die
Hilfen kennt, die man zur Korrektur mit Schenkeln und Zügeln
geben müßte, tut man weiser daran, mit Ruhe und Geduld und
Nachgiebigkeit vorzugehen und die Geister nicht erst zu beschwören,
die man nachher doch nicht wieder bannen kann. Man läßt
das Pferd durch einen behilflichen Mann wieder anführen, beruhigt es, irritiert es auf keine Weise und greift zum — überhaupt stets empfehlenswerten — Mittel des Vorspanns durch

ein Führpferd, selbst zum Absitzen und Belehren des Pferdes
an der Hand. Meist ist es ja auch bei solchen rohen, unge=
rittenen Pferden gar nicht böser Wille, sondern Angst, Unkennt=
nis usw. Das muß man stets wohl zu unterscheiden wissen. Bei
älteren, schlecht zugerittenen Pferden kommt oft auch beides zu=
sammen. Häufig ist auch der Reiter selbst schuld an Widersetz=
lichkeiten, indem er dem Pferde mehr zumutete, Schwereres ver=
langte, als es zu leisten imstande
war. Unzeitgemäße Prügel sind
häufig auch die Ursache des Unge=
horsams. Wollte ein Pferd z. B.
nicht beim ersten Anlauf gleich
springen, tat es
dann schließlich
aber doch und
erhält nun, als
Belohnung für
seine Nachgiebig=
keit und den be=
wiesenen guten
Willen, von sei=
nem Reiter hin=
terher, d. h. sobald
dieser etwa die
rechte Hand frei
hat, dennoch

„Mortimer-Hürde“.

Schläge, so sieht das Pferd nicht ein, wofür, bildet sich (ganz
logisch) ein, daß es gerade für den Sprung Strafe erhalten
hat, und das nächste Mal wird es sicher nicht wieder springen.
(Der Sprung war ja gerade das, was es anscheinend eben nicht
sollte!) Nun bekommt es vermehrte Hiebe. Was soll das Tier
da nun in seinem armen Pferdegehirn denken? (Wir Pferde
sind doch logischere Menschen — höchstens!) Man sieht also, es
handelt sich oft nur um Sekunden. Und gerade die richtige Hand=
habung der Reitgerte ist unendlich schwer; deswegen wagen sich
gerade die besten Reiter am wenigsten daran, während man
Stümper meist damit herumfuchteln sieht. Mit den Sporen ist's

gerade so. Die Strafe muß der Tat eben unmittelbar auf dem
Fuße folgen. Bis man erst mit den Beinen ausgeholt hat zum
Spornstoß, ist der richtige Moment zur Strafe schon verpaßt.
Dann lasse man lieber das Strafen ganz sein. Ärgern soll man
sich zu Pferde überhaupt nicht. Das ist immer schon verkehrt.
Der Reiterdresseur muß ein liebevoll geduldiger Pädagoge sein,
kein Prügelpädagoge, wenn er Erfolge haben will. In dieser
Beziehung kann man viel von den wirklich guten Zirkusdresseuren
lernen. Nur mit einer engelsgleichen Ruhe und Geduld sind
z. B. Freiheitsdressuren möglich, wie wir sie im Zirkus bewundern.

Man hüte sich auch vor zu großer Strenge, selbst wenn man
den Kampf erfolgreich durchzuführen sicher ist. Hat man ein-
oder zweimal seinen Willen erreicht, so ist's ja gut. Dann höre
man für diesen Tag auf; man wird mehr Erfolg haben — und
das Pferd wird die Lektion besser verdauen und geistig ver-
arbeiten —, als wenn man es zu erneuten Kämpfen, vielleicht
auch zu Schäden für das Pferd kommen läßt. Vielleicht bliebe
man das nächste Mal doch nicht Sieger über das in der Verzweiflung zu allem bereite Pferd.

Wenn ich also das Resümee ziehen soll, so ist das Ideal:
Strenge, gepaart mit Milde; Zucker und Peitsche abwechselnd, je
nach Bedarf; rechtzeitiges Aufhören und Beloben des Pferdes,
sowie es nachgegeben hat — immer aber unmittelbar auf dem
Fuße folgend. James Fillis erzählt in seinen „Grundlagen der
Dressur und Reitkunst" von verschiedenen Verbrechern, die er
allein zu reiten und zu besiegen fertigbrachte. Stets gipfelt seine
Kunst darin, den Pferden (darunter ein sog. buckinghorse, das
dressiert war, seine Reiter stets abzuwerfen) zuvorzukommen, sie
durch Schläge vorwärtszutreiben, ehe sie stehen zu bleiben vermochten, bis sie schließlich ganz willig gingen. Fillis schlug
dabei mit dem Reitstock vielfach den Kopf der Tiere, so geschickt
aber auf den Nasenriemen, daß er niemals auch nur eins mit
einer Schramme verletzte. Ein Mann zu Fuß kann zuweilen
unschätzbare Dienste leisten. Das Pferd gewöhnt sich oft nur
auf Drohen der Hilfsstellung zu Fuß mit der Peitsche seinen
Starrsinn ab und geht später auch ohne diese Hilfe willig alles,
was es soll.

Wenn ich in meinen bisherigen Ausführungen im Kampfe zwischen Roß und Reiter zuweilen dem Grundsatze „Der Klügere gibt nach" das Wort geredet habe, oder es wenigstens ähnlich aufgefaßt werden konnte, so möchte ich doch ausdrücklich hervorheben, daß es dann eben noch nicht zum eigentlichen Kampfe gekommen sein darf, daß in der Vermeidung des Kampfes, in der Erhaltung politisch korrekter und freundschaftlicher diplomatischer Beziehungen, gar eines herzlichen Einvernehmens oft das Geheimnis des Erfolges zum reiterlichen Zweibund liegt. Durchaus nicht immer. Hat man sich erst zum Kampf engagiert, so muß er auch durchgeführt werden, und zwar mit einer Energie, die dem Pferde sagt, daß der Reiter das Äußerste zu riskieren entschlossen ist. Bleibt dennoch

Oblt. Streesemann (18. Ulanen).

das Pferd Sieger, so ist es nur um einen weiteren Grad verdorben. Darum von vornherein allergrößte Energie. Keine Vorreden und Präliminarien, sondern — medias in res —: Auf in den Kampf, Torero, — Mut in der Brust — siegesbewußt! — Dazu muß man allerdings Zeit haben. Oft gelingt es nicht anders, als durch Zähigkeit und Langeweile dem Pferd seinen Willen aufzuzwingen. Man muß stundenlang vor einem Graben stehen und kämpfen, bis zum Dunkelwerden einen einmal begonnenen Kampf durchführen können, oft aber auch, erst mit leichteren Aufgaben und an der Hand beginnend, das Vertrauen des Pferdes wiederherzustellen suchen, wobei unter Umständen Hilfskräfte sehr von Nutzen sein können.

Das Gefühl dafür, wo Ungeübtheit und Ängstlichkeit aufhört und wo die Ungezogenheit anfängt, ist nicht leicht zu erwerben. Die Behandlung des Falles richtet sich ganz danach. Oft geht eins ins andere über. Das ist eben Sache des Reitertakts und der Erfahrung. Jedenfalls muß man auf alle Fälle die denkbar größte Ruhe und Gelassenheit bewahren und sich niemals persönlich ärgern, selbst wenn man noch so energisch straft. Nur dann behält man gegenüber dem dafür sehr richtig empfindenden Pferde die Überlegenheit der Objektivität.

Das wird sich besonders in den feineren Abstufungen und Modulationen der Strafen und Belohnungen aussprechen, die, wie schon gesagt, stets auf dem Fuße folgen müssen. Das ist eine Hauptkunst dabei. Man unterscheidet z. B.:

flaches vermahnendes Anlegen des Sporns,

Sporndruck,

Spornstich und Spornattacke.

Mit der Peitsche kann man ebensowohl Hilfen als Strafen geben, und auch in der Belohnung gibt es eine Unmenge von Nuancierungen. Von dem Öffnen der Finger und Nachlassen der Zügel bis zum Absitzen und Zuckergeben. Man scheue sich nicht, oft und viel zu belohnen. Das erhält das Pferd dankbar und aufmerksam auf den Reiter. Immer wieder muß man sich von dem Gedanken losmachen, daß das Pferd eine Maschine oder auch ein renitenter Untergebener sei. Das Pferd muß behandelt werden wie ein Kind, es muß erzogen, belehrt, bestraft, belohnt werden. Darin liegt das ganze Geheimnis, warum einige mit allen Pferden und selbst mit Verbrechern fertig werden, andere diese Kunst niemals lernen.

Da sind zunächst die Durchgänger. Allerdings immer noch viel leichter zu behandeln, als die, die rückwärts laufen, denn man hat nur eins zu denken und zu tun: das Pferd zu halten.

Das aber weich und durchlässig zu tun, ist eben die Kunst. In der Kraft liegt die Weichheit. Wir sehen die kleinsten Jockeys die schwersten, ungebärdigsten Hengste nach einem falschen Start gewandt ausbalancieren. Diese Leute haben eben eine weiche

Hand und sind daraufhin trainiert. Man kann sehr viel von ihnen lernen. Einem guten Reiter geht kaum je ein Pferd auf länger als ein paar Sprünge durch, nimmt ihm höchstens vorüber= gehend die Hand, wie der Fachausdruck lautet. Solange solche Durch= gänger nicht eben Koller haben, sind sie durch systematisches Zureiten einigermaßen zu kurieren. Manche allerdings werden nie bequem.

Oblt. v. Steuben (Königs-Ulanen) auf Scott's-Grey in Hannover.

Unangenehmer sind schon Tiere, die stehenbleiben und steigen, sich dabei womöglich heftig drehen und dann nach hinten auskeilen usw. Der Grund des Stei= gens ist stets der, sich vom Zügel los= machen zu wollen. Man darf daher den Zügel nicht nachgeben, nicht „Luft" geben, wie der so vielfach ver= kehrt angewandte Ausdruck lautet. Andererseits darf man natürlich sich noch viel weniger etwa an die Kandare klammern und sich in den Zügel verankern. Damit würde man das Pferd leicht um= und auf sich reißen. Man fasse lieber mit der rechten Hand ein Stück Mähne oder Sattelzeug mit, wenn man sonst nicht genug Halt im Schluß findet. Andauernd gebe man aber vordrängende Hilfen. Gibt man in der Luft ein paar tüchtige Sporen, so macht das Pferd wahrscheinlich eine Lançade nach vorwärts, und alles ist gut. Auch mit seiner Gewichtswirkung muß man das Pferd nach unten ziehen; eventuell am Zügel nach unten rucken. Fillis schlug ein Pferd, das stieg, mit der Peitsche über den Kopf. Ich möchte

indeſſen weniger großen Künſtlern nicht dazu raten, es kann auch
ſehr gefährlich werden. Umreißen des Pferdes und dann tüchtig
verhauen laſſen, wird auch mehrfach empfohlen; ſogar die Reit=
inſtruktion ſpricht davon. Ich habe dieſes Mittel ſelbſt mehrfach
angewendet, bei ſehr renitenten Patienten aber trotzdem wieder
Rückfälle erlebt. Sehr gefährlich iſt das Experiment nicht einmal,
denn man hat immer noch viel Zeit, ſelbſt vom Sattel herunter=
zukommen, wenn man einigermaßen geſchickt iſt. Das beſte, aber
vielleicht auch ſchwierigſte und unter Umſtänden gefährlichſte Kor=
rekturmittel ſcheint mir das ſcharfe Abbrechen des ſteigenden Pferdes
nach einer Seite in der Luft. Eine forcierte Genickbiegung ſeitwärts
läßt dem Pferde ſein Experiment ſelbſt ſo gefährlich für den Fall
des Überſchlagens erſcheinen, daß es bald nicht mehr wagt,
wirklich hochzugehen. Man kann dabei allerdings auch mal böſe
umfallen. Aber auf ein paar Knochen darf es einem eben nicht
ankommen, wenn man ernſtlich gewillt iſt — zu ſiegen.

Die allerekligſte Sorte iſt die, die rückwärts läuft oder
ſeitwärts drängelt, womöglich an rollendes Fuhrwerk heran. Ich
habe Tiere gehabt, die ſo raffiniert waren, an Eiſenſpitzengittern zu
ſteigen und ſchnellfahrende Wagen glatt anzunehmen, oder den Reiter
abzuſtreifen verſuchten. Ich habe dann mit gutem Glück auf der
freien Seite die Peitſche und den Sporn gebraucht, meiſt mit dem
Erfolge, daß es wenigſtens vorwärts ging. Man muß dazu
allerdings ſolide Knochen haben. Viel iſt da nicht zu machen.
Dieſe Spezies grenzt bereits ans Pathologiſche. Immerhin vermag
ein geſchickter und energiſcher Reiter manchmal einem Pferde
ſolche Unebenheiten abzugewöhnen und hat dann gute Dienſte
davon. Im allgemeinen kann ich aber nur abraten, ſich mit ſolchen
Tieren abzugeben. Man verliert dabei nur Zeit, Geld und
Renommee. Auch Tiere, die ſo liebenswürdig ſind ſich hinzu=
werfen, müſſen feſte „Schacht“ haben, ehe ſie ſich wälzen können. —
Ich ſchließe mit dem Hinweis auf das Schillerſche Wort von der
glücklichen Miſchung des Starken, Strengen mit dem Milden,
Zarten, das dann einen guten Klang abgeben ſoll. Theorie und
Praxis müſſen hier Hand in Hand gehen.

Es iſt klar, daß zudem das Landen nach hohen und ſchweren
Sprüngen ſtark auf die Knochen geht, und daß daher — beſonders

unter schwererem Gewicht im Sattel — solide Pedale, vor allem kräftige, breite Sprunggelenke dazu gehören, um solche Strapazen ohne Nachteile (Überbeine, Schale, Gallen usw.) aushalten zu können.

Der Jagd= und Hochsprung erfordert infolgedessen, wenn sie dem Pferde nicht schaden sollen, ein Sichaufnehmen und „Setzen" vor dem Hindernis, und dies wiederum eine spezielle Vorbereitung, wie sie ganz be=

Oblt. v. Mißlaff (3. Garde-Ulanen) auf Mulatte (Ostpr. Halbblut).

sonders der irische Farmer seinen jungen Pfleglingen ange= deihen läßt.

„Was Hänschen nicht lernt, lernt Hans nimmermehr" ist das Geheimnis dieser Methode, und früh schon muß der junge Ire, wenn er zum Fressen, zur Tränke, zum Stall gelangen will, Wälle und Ricks, Gräben und Tore überwinden lernen. Natürlich sind die Anlagen, teils vererbt, teils besonders glücklichem Gebäude entspring= gend, sehr verschieden verteilt, und Hand in Hand damit geht dann die Passion der vier= beinigen Hinderniseleven. Ganz

gewiß gibt es auch unter unseren inländischen Halbblutzuchten — das beweisen die Namen von Isolde, Qual Nevermind usw. — ganz hervorragend begabte und veranlagte Springpferde, aber nur wenigen davon wird eine Ausbildung zuteil, die sie be= fähigt, mit gutem ausländischen Material erfolgreich zu kon= kurrieren. Unsere Jagden in Deutschland sind ja nirgends auch nur im entferntesten mit denen von Englands und Irlands berühmten Grafschaften zu vergleichen, was Schwierigkeit des Terrains und Anforderungen an das Jagdpferd betrifft. Das liegt nun einmal in der kulturellen und historischen Entwicklung der Dinge bei unseren Vettern jenseits des Kanals und bei uns.

Ich verweise nur auf die berühmten White Mellvilleschen Jagd=
erinnerungen sowie auf die in der „Sport=Welt" unlängst er=
schienene hervorragend interessante Artikelserie „Jagdbilder aus
England" von Crighton=Hamilton. Auch das englische Werk der
Badminton=Library „Hunting" mag besonderen Interessenten wert=
volle Aufschlüsse geben.

Infolgedessen sind wir in Deutschland mit dem Einspringen
von Pferden gegen das Ausland noch sehr weit zurück und be=
gnügen uns meistens damit, wenn das junge Pferd eine Hürde
oder Stange in 80 cm Höhe und ein Gräbchen von 2 m an=
standslos springt. Das genügt als Vorbereitung für die meisten
deutschen Jagden ja auch zur Not, und wofür Knochen und
Sehnen noch größeren unnützen Anforderungen aussetzen!

Ein systematisches Einspringen zu großen Leistungen aber
erfordert mehr Arbeit und Überlegung. Da wären zunächst einige
Kardinalregeln vorauszuschicken, die wohl manchem nichts Neues
sagen werden, gegen die man aber doch immer wieder in der
Praxis verstoßen sieht. Ich fasse sie, der Kürze halber, in
numerierten Sätzen zusammen.

1. Vor dem Springen gehörig abtraben und abgaloppieren,
damit nicht Ungezogenheiten aus Übermut vorkommen. Also nicht,
womöglich nach einem Ruhetag, gleich mit Springen beginnen.

2. Nicht auf einem Platz oder an einer Stelle üben, die
zum Kleben verleitet. Kleben ist eine große Gefahr.

3. Keine unfair aussehenden Improvisationen von Hinder=
nissen, sondern vernünftige, massive „Gegenstände".

4. Möglichst im Terrain, natürlich sich ergebende und auch
so erscheinende Hindernisse spielend zu überwinden beibringen.

5. Stets nach einem Erfolg aufhören und beloben, auch nach
dem kleinsten Erfolge! (Zucker usw.)

6. Mit dem Leichten beginnen. Nicht zu schnell voran=
schreiten. Nichts Plötzliches verlangen. Allmähliche Steigerung!
Eingeprägtes immer wiederholen. Das Schwere, Neue zuletzt.
Danach möglichst Zügel lang, Absitzen.

7. Alles Neue zuerst stets dem Pferd zeigen und be=
schnüffeln lassen.

8. Nie ganz an die Grenze des Möglichen herangehen, sondern aufhören, so lange es dem Pferde noch Spaß macht. Nie das Pferd übermüden!

Lt. Streefemann (18. Ulanen) den Schafpferd beim Berliner Concours Hippique springend.

9. Stets darauf achten, dem Pferde nicht das Herz zu nehmen, sondern ihm Passion an der Sache zu erhalten. (Dazu gehört auch, daß man sich vor dem Springen überzeugt, ob alles in Ordnung ist, das Pferd sich nicht verletzen kann usw.)

10. Mit unendlicher Geduld, Ruhe und Liebe vorgehen. Sich Zeit lassen, nichts übereilen, Gräben, Wälle, Hochsprünge usw. erst viel an der Hand oder Longe (zwei Longen) einüben. Ohne Reitergewicht und Reiterbehinderung erlernt der Anfänger alles besser und schneller.

11. Die Peitsche oder die Peitschen recht schonend und mäßig gebrauchen. Sich nicht ärgern! Korrektur, nicht Strafe. Niemals Peitsche von Leuten zu Fuß gebrauchen lassen, wenn man selbst auf dem Pferde sitzt. Wohl aber sollte ein Mann (mit Peitsche) als „Hilfsstellung" in der Nähe nie fehlen. Nie ein Pferd über ein Hindernis hinüberpeitschen. Es muß dazu gebracht werden (mit leichten Peitschenhilfen meinetwegen), selbständig den Entschluß zum Absprung zu fassen! Kein unwillkürliches Spornieren!

12. Viel Abwechslung in den Hindernissen.

13. Mehrfache Sprünge (mit mindestens 4 m Zwischenraum; zuerst weiter und niedrig beginnend) erhöhen die Geschicklichkeit und lehren das Sichaufnehmen.

14. Zwei bis fünf dicht hintereinandergestellte Hindernisse erproben das Herz, schmale Hindernisse (später ohne Fänge), den Gehorsam.

15. Nicht gegen die Sonne, nicht in zu tiefem Boden gegen schwere Hindernisse anreiten. (Augenfehler sind auch zuweilen der Grund, weshalb Pferde nicht gern springen wollen!)

16. Nicht gegen die Hindernisse jagen. Im ruhigen Galopp herangehen und das Pferd die letzten zwei Pferdelängen „anziehen" lassen. (Oft sieht man umgekehrt den Reiter von weitem wie toll drauflosbürsten und im letzten Moment dann kürzer werden — da merkt sofort das Pferd die Ängstlichkeit und Unsicherheit des Steuermanns, zu dessen Führung es doch gerade Vertrauen haben soll!)

17. Zuerst sein Herz über ein Hindernis werfen: das Pferd springt nach!

18. Leichte Zäumung, nicht festhalten, leicht am Zügel. Vor dem Sprung „am Maul" mitgehen. Nicht zu früh die Zügel „wegwerfen". Im Sprung aus den Schultern heraus mit Armen und Oberkörper folgen. Nicht hintenüberwerfen! Bügelaustreten — Gewicht denkbarst erleichtern.

19. Das Pferd muß die Ohren nach dem Sprung richten, sie nicht legen. Die Aufmerksamkeit muß nach vorn gerichtet sein (nicht also nach dem Peitschenführer, der — fast immer zu spät — von hinten schlägt!)

Lt. Frhr. v. Lersner
(1. Garde-Drag.) auf Stella.

20. Je mehr das Pferd zum Refüsieren neigt, desto fester muß man es am Kreuz und Zügel haben, bis es tatsächlich abgesprungen ist, dann erst kommt das gänzliche „Mitgehen" nach vorn.

21. Nicht unnütz, aus Nervosität usw. das Pferd beim Anreiten gegen einen Sprung spornieren. Die Unterschenkel haben da nichts zu tun, als still zu liegen oder den Schwung zu erhalten.

22. Nicht zu viel aus dem Trabe springen. Eine halbe Maßregel! Die Pferde müssen im Galopp ruhig bleiben. Das ist viel schwerer! Trab vor schweren Hindernissen ist doch unmöglich! Dagegen empfiehlt sich Springen aus dem Schritt bis etwa 1 m Höhe, damit das Pferd sich „setzen" und heben lernt. Eine gute Korrektur für Pferde, die vor dem Hindernis wegstürmen.

23. Das Pferd dahin „stellen", wohin es ausbrechen will. Ein wenig traversieren also, wenn das in der Schnelligkeit überhaupt ausführbar.

6*

24. Will das Pferd rechts ausbrechen, so reite Rechtsgalopp.

25. Die meisten Pferde brechen nach links weg. Das machen sie mit dem meist steifen linken Hinterfuß. Dieser muß also gut gebogen und untergeschoben werden. Das erreicht man am besten durch scharfes Gegenhalten (ev. Sporn) des rechten (auswendigen) Schenkels. Ist man aber auf der rechten Hand im Rechtsgalopp, und das Pferd will nach links ausbrechen, so gebe man den rechten Zügel ganz nach, damit das Pferd im Maul keine Stütze finde, auf der es ausbrechen kann, und gebrauche beide Schenkel, auf das energischste vorwärts treibend. (Sporen.)

26. Will das Pferd nach einer Seite ausbrechen, so ziehe nie auf der anderen mit dem Zügel. Das würde nur zu leicht das Gegenteil von der gewünschten Wirkung erzielen.

27. Nicht zu oft hintereinander springen. Vor allem nicht dasselbe Hindernis. Alle Tage etwas, später alle paar Tage einmal. Nie einen schweren Sprung verlangen, wenn das Pferd schon müde ist und es nicht mehr leisten kann. (Herz.)

28. Feigen Pferden muß der Reiter energisch etwas Mut machen, sonst bleiben sie vor schweren Sprüngen einfach stehen. Das ist das Schlimmste und am schwersten zu korrigieren. Man muß wieder von vorn anfangen, bis sie das Herz wiedergefunden haben, was meist wieder der Fall ist.

29. Man muß selbst viel springen, um in „Form" zu bleiben. Ähnlich geht es den Pferden. Nur die Übung macht den Meister.

30. Kämpfe oft absichtlich herausfordern, um sie dann siegreich zu bestehen (aber zu Pferde und ohne fremde Hilfe). Dann erst ist man im entscheidenden Moment des Gehorsams gewiß. Ausnahmen: etwa Pflaster usw. (siehe Rosenberg: Zusammengewürfelte Gedanken).

Diese Reihe ließe sich gewiß noch recht weit ausdehnen. Begnügen wir uns hiermit. Bei ganz renitenten ergrauten Verbrechern empfehle ich den Kappzaum, an dem eine Longe oder besser auf jeder Seite eine befestigt wird: das wirkt Wunder. Aversionen gegen einzelne Arten von Hindernissen, z. B. offene Wassergräben, müssen allmählich, ebenso wie bei Herzlosigkeit (das Vertrauen wiederzugewinnen suchend) befeitigt werden. Im übrigen lautet das größte Geheimnis auch hier: vorwärts! Deswegen lernen Pferde am schnellsten und besten im Jagdfelde, womöglich hinter Hunden. Da kommt die

Quitt unter Lt. Graf v. Lehndorff (Garde du Corps), Sieger im Kaiserpreis (Hannover 1910).

Passion hinzu. Über die Methoden des Einspringens an der Hand und an Longen sagt die Reitinstruktion Vorzügliches. Auch das Mittel eines Führpferdes über Sprünge verachte man keineswegs. Hürden verführen sehr zum Wischen. Erst durch Hochheben einer besondern Stange (Gasröhre) im Moment, in dem sich die Hinterbeine des Pferdes über dem Sprung befinden, lernt

das Pferd das geschickte Anziehen der Hinterbeine, um nicht zu
streifen. Empfehlenswert für ältere Routiniers ist auch die sogen.
„Donnerbüchse", eine durch eine Blech=Ofenröhre gesteckte Eisen=
stange (barre). Anfangs dazu stets Kniekappen und bandagieren,
selbst hinten. Stets sollte man Zucker, Hafer, Rüben usw. zur
Belohnung zur Hand haben.

Einspringen erfordert viel Verständnis und Geschick. Wer
es gut versteht, ist ein Künstler.

Der Sitz im Sprunge.

aß die Ansichten über dieses Thema außerordentlich weit auseinandergehen, beweisen alljährlich von neuem die sich oft diametral entgegenstehenden Noten der Preisrichter bei Springkonkurrenzen.

Der eine will jedes Hindernis mit Bedacht und größter Ruhe gesprungen sehen, die sich auch im Stil und Tempo des Pferdes ausdrücken soll. Ein Geländepferd soll ja nicht stürmisch

Capitaine Crousse in Spa
auf Conspirateur im Sprung über eine 2 m hohe feste Holzmauer.

drauflosgehen, wie ein hurdle-racer, sondern sich die Sache erst mal in aller Gemütsruhe ansehen und dann entscheiden, ob das

Ding zu springen oder zu klettern, zum Aufsetzen oder in einem zu springen ist. So reitet der Engländer. Auch wo er flying springt, geschieht das fast aus dem Stand, und sein Hunter besitzt in dieser Art Sprung eine erstaunliche Meisterschaft, die sich auch bei einigen der besten Hochsprungpferde (Conspirateur) wiederfindet. Diese Art hat in unsicherem Terrain entschieden etwas für sich und wird ganz sicherlich im Ernstfalle gerade von denen angewendet werden, die vom hohen Koturn preisrichterlicher Unfehlbarkeit jedes „Stutzen" vor dem Hindernis mit einem Fehler für den Stil ahnden.

Monf. Barreau,
früherer Sous-maitre an der Reitschule zu Saumur,
beim Probefpringen in London.

Ich komme damit zu der entgegen= gesetzten Richtung, die alles nicht „flie= gend" genug ge= sprungen haben kann und diese Art des Sprunges am höchsten wertet.

Ich gebe gern zu, daß diese Manier die elegantere, schneidigere ist und möchte nicht gern einen gewissen erfrischenden élan auch bei unseren schweren Spingkonkurrenzen vermissen; indessen schätze ich das Jagdpferd qualitativ höher, das nicht an alle Hindernisse in dieser Weise heranjagt, sondern sich die Sache überlegt und eine übersichtliche Hürde oder Mauer anders anzieht, als die etwas mehr Vorsicht erheischenden Koppelricks, Barrieren, Tore und Doppelsprünge.

Jedenfalls muß Ruhe und Überlegtheit des Springens, im Gegensatz zu wildem Heranjagen, auch im fließendsten Jagdgalopp= tempo und Springen immer noch wohltuend bemerkbar bleiben.

Also, cum grano salis betrieben, dürfte auch hier etwa in der Mitte für uns das Richtige liegen. Anders beim Rennen.

Wer die jüngsten Phasen der Entwicklung unseres Hindernis=sports aktiv miterlebt hat, der konnte es immer schon hören, daß die Rennen immer schneller würden. Längst sind die Zeiten ver=gangen, wo ein Heyden=Linden Zeit hatte, über die Tribünensprünge die Zügel durch die Fin=ger gleiten zu lassen und in wundervollem unver=änderten Sitz wiederauf=zunehmen, wo ein Eynard 100 Längen hinter dem Felde liegen und zum Schluß doch noch ge=winnen konnte. Heutzu=tage haben die modernen Steeplechases einen Schnelligkeitsgrad er=reicht, der kaum noch zu überbieten ist. Das be=weist neben dem Augen=schein vor allem die ge=messene Zeit dieser Ren=nen. Es ist auffallend, daß diese Beobachtung nicht sowohl für die größten Rennen über

Monf. Barreau auf All=Fours
beim Hochsprung über 2 m.

unsere schwereren Bahnen gilt, obwohl auch z. B. in Karlshorst — wenigstens streckenweise — eine Höllenfahrt geritten wird, sondern sich vor allem auf die kleineren, zum Teil leichteren Bahnen, speziell des Westens und Südens bezieht.

In Frankfurt a. M., Köln, Mannheim usw. kann man Jagdrennen im Tempo eines Beinahe=Flachrennens laufen sehen. Die Pferde heben sich nur noch mit der Schulter und lassen sich fliegen. Von „Sichaufnehmen", „Setzen" und wie dergleichen mehr oder weniger veraltete Begriffe lauteten, ist bei alledem gar keine Rede, gar keine Zeit mehr. Es ist ein nervenanregender

Springen ohne Bügel.

steter Kampf um den Zoll geworden. Das äußert sich schon beim Start. Vor einer 4000 m-Steplechafe wird heute ein Zirkus vollführt, als handle es sich um ein 900 m-Flachrennen für Zweijährige. Jeder sucht sich schon hier einen Vorteil durch fliegenden Start oder frühes Abspringen zu sichern. Vom Fleck weg wird in der Regel — die natürlich auch Ausnahmen gelegentlich bestätigen, eine stramme Fahrt vorgelegt, und dahin geht es über Hürden und Hecken, Wälle

und Ricks, als käme der Tod hinterdrein.

Nur sehr geschickte Reiter wissen in diesem Tempo noch „auf Warten" zu reiten oder „Pulls" zu geben, um die Pferde einen Moment wenigstens verschnaufen und neue Kräfte sammeln zu lassen. Oft genügt dazu schon eine scharfe Ecke, die die lange Galoppierlinie einmal unterbricht.

Amerikanisch, so heißt heute die Lofung.

Früher waren es nur einige wenige Reiter, wie Graf W. Königsmarck, v. Bachmayr, F. A. v. Goßler u. a. m., die etwas amerikanisierten, d. h. mit ziemlich kurzen Bügeln ritten, manchmal indessen die Zügel ziemlich lang

Capt. Comdt. Meyer (franz. 26. Drag.) in Olympia, London.

gefaßt hielten. Sie waren besonders gesucht für junge, subtile
Tiere, die einen völlig passiven Reiter benötigten.

Heutzutage sind die Herren, die nach der alten Schule reiten,
in der Ausnahme. Ich sehe natürlich von kleineren Provinz=
plätzen ab, wo sich zum Teil ungeübtere „Größen" produzieren,
sondern rede mehr von dem Reiten unserer professionellen
modernen Herrenreiter. Von Zusammenhalten, Versammeln,

Rückenauf=
wölbenlassen
usw. ist heut=
zutage im Ren=
nen keine Rede
mehr; es geht
einfach zu
schnell. Nicht
nur das Bügel=
maß ist heute
um mehrere
Loch kürzer
gegen früher
geworden, son=
dern auch die
Zügel werden
jetzt viel weiter
vorn — fast am
halben Halse —
angefaßt, als
ehedem, wo

Lt. Chevalier Carlos de Selliers de Moranville
auf Cake-Walk.

man die Fäuste schön manierlich seitwärts des Widerrists („hands-
down") hielt, und manchmal noch nachgreifen mußte. Der moderne
Rennreiter liegt ganz vornübergebeugt über dem Pferdehals, das
Gesäß berührt auch nicht momentweise den Sattel, und die Fäuste
geben unweit der Pferdeohren dem Körper die nötige Vorderstütze.
So geht es auch über die Hindernisse. Aber es geht, geht sogar
recht gut. Die Rennen sind, wie gesagt, so schnell geworden, daß
dieser Sitz wohl angebracht erscheinen mag. Die Pferde springen
sogar recht willig und sicher, und die eingebildete Mehrbelastung der

Vorhand beim Landen ist in dieser Schnelligkeit nicht einmal so
schlimm. Jedenfalls haben die Pferde völlige Freiheit des Ab-
schwungs der Hinterhand, können diese beliebig anziehen und
dürfen sich kaum mehr über Störungen im Rücken zu beklagen
haben. Unsere modernen Gentlemenriders wissen auch ihre teilweise nicht zu kurzen Pedale und Oberkörper recht geschickt zu
plazieren. Beine und Arme sind gewinkelter, als früher Mode

Vom Concours Hippique in Pau.

war, und nicht mehr so weit abgestreckt. In der schärferen
Biegung liegt auch eine gewisse Weichheit.

Kehren wir, nach dieser kleinen Abschweifung auf den grünen
Rasen zum Concoursplatz zurück, auf den die amerikanische
Kultur, die alle Welt beleckt, sich sintemalen auch erstreckt. —

Hier handelt es sich um den Sitz und die Hilfen des Reiters.

Oberkörperhaltung, Verhalten der Fäuste, Arm- und Beinhaltung sind sämtlich strittige Punkte.

Dem einen erscheint ein martialisch gerader, aufrecht bleibender
Sitz bei herangenommenen Unterschenkeln und unbeweglich stehenden,

die Zügel durch die Finger rutschen lassenden Fäusten die militärische
Norm. Andere wieder finden diesen Sitz steif und unzweckmäßig
und verlangen vielmehr, soviel wie möglich mit dem Oberkörper
der Bewegung des Sprunges nach vorn zu folgen und völlige
Entlastung der Hinterhand, auch beim Landen, Mitgehen aus
Armen und Schultern und möglichst weniges Durchschießenlassen

Vom Concours Hippique in Pau.

der Zügel, die man in der nächsten Sekunde vielleicht wieder not=
wendig gebraucht, Absperren der Unterschenkel, um möglichst viel
Gewicht auf die Bügel zu verteilen und das Pferd im Sprung
durch nichts zu irretieren, und natürlich Durchstecken des Fußes
durch den Bügel. Letztere Bügelhaltung dürfte auch wohl die
allein sachgemäße beim Springen sein, da die andere eine un=
praktische Steifheit im Fußgelenk während des Sprunges hervor=
rufen muß.

Auch hier wird wohl das Richtige in der Mitte liegen. Ein
weiches Mitgehen des Oberkörpers mit der Bewegung im Sprunge

ist unbedingt nötig. Der Reiter darf sich dabei katzenbuckelartig vornüberneigen. Das ist absolut richtig und auch bei schwereren

Monf. Philippot (Brüssel) auf Matador.

Sprüngen zur Erzielung völliger Harmonie mit dem Pferde durch= aus angebracht. Im Falle eines Rumplers müssen allerdings Kreuz und Gesäß sofort zum Gegenhalten bei der Hand sein. Hierzu ist bei biegsamen, elastischen Reitern durchaus kein Präservativsitz, wie ihn

die englischen Herrenreiter belieben, erforderlich. Ein übertriebenes
Hintenübersitzen belastet unnütz die Hinterhand in einem Moment,
wo sie stark angezogen werden muß und daher nicht mehr als
nötig belastet werden darf. Daß ein Vornübersitzen beim Landen
auf die Vorderbeine gehe, ist ein Irrtum. Allerdings ist Vorn=

Lt. Horment (14. franz. Huf.) in London.

übersitzen und Vornübersitzen zweierlei. Im allerletzten Moment
des Landens, des Auffußens also, richten sich schwerere, geschickte
Reiter auch meist wieder etwas auf. Bei Gräben ist ein Hinten=
übersitzen weder motiviert, noch überhaupt angebracht. Im Falle
eines Sturzes kann es zu Kreuzbrüchen führen. Wie tief das
Gesäß beim Sprung im Sattel bleibt, ist Sache des Gefühls,
des individuellen Reitens, der Figur des Reiters usw. Regeln

laſſen ſich hierfür nicht geben. Jagdreiterlich falſch dagegen iſt
ein an den Rennſitz amerikaniſcher Jockeys erinnernder Sitz im
Sprunge. Unter guten Reitern dieſer Art ſpringen die Pferde
allerdings gut, ſie würden es aber bei weniger übertriebenem

Lt. Daufresne de la Chevalerie (Belg. 3. Lanciers) auf Bill.

Rennſitz ebenſogut machen. Auf wirklichen Jagden wird es keinem
Menſchen einfallen, ſo zu reiten — es iſt alſo nur Poſe.

Ähnlich verhält es ſich auch mit der Arm- und Beinhaltung.
Einzelheiten ſind von Fall zu Fall anders. Alles muß individuell
angepaßt, nichts ſchematiſch ſein. Jedenfalls wird für Jagdſprung=
konkurrenzen auch ein jagdmäßiger Sitz und eine entſprechende
Führung das Richtige ſein.

Ein weiches Mitgehen aus Arm- und Schultergelenken
dürfte hier durchaus am Platze ſein. Die Zügel ſollten ſehr weich

anstehend, dem Pferde völlige Halsfreiheit gewähren, die es sich dann nach Belieben nehmen kann. Völliges Nachgeben der Zügel, so daß diese dann guirlandenartig hängen, halte ich für den geringeren Fehler, als ein zu scharfes Festhalten. Die Bügel dürfen nicht zu lang geschnallt sein, wenn der Reiter den Bewegungen weich folgen will. Harmonische Übereinstimmung von Reiter und Pferd äußert sich am untrüglichsten durch ein gleich-

Lt. Chevalier C. de Selliers de Moranville (Belg. 2. Guides)
auf Cake-Walk in Frankfurt a. M. (Sport-Ausstellung.)

mäßig gutes Resultat über alle Sprünge. Also auch hier keine verknöcherte Theorie, sondern: was praktisch ist, ist auch richtig.

Einige Worte seien auch dem Fallen gewidmet. Es ist klar, daß der gute und gewandte Reiter weniger leicht sich vom Pferde trennen wird, als der weniger sichere, vielleicht ungewandtere. Ganz ohne Stürze geht es aber meistens beim Concours-springen auf die Dauer doch nicht ab. Ich habe schon recht gute Reiter bei dieser Gelegenheit einfach herunterfallen sehen. Die Bewegungen des Pferdes unmittelbar vor dem Hindernis oder bei einem starken Rumpler können so überraschend und heftig erfolgen, daß der beste Reiter zuweilen aus der Balance geraten kann. Bei den größten internationalen Concours sogar ist das

Fallen von Reitern gar keine Seltenheit. Eigentlich nicht dürfte es passieren bei plötzlichem Stehenbleiben oder Kehrtmachen des Pferdes vor dem Hindernis. Dieser Moment kann indessen auch recht kritisch werden und so sah ich schon manchen dabei auf den Pferdeohren enden! —

Etwas anderes ist es mit wirklichen Stürzen von Reiter und Pferd oder solchen schweren Rumplern, etwa beim Hochsprung, daß eine Trennung von Reiter und Pferd unvermeidlich wird. Allein durch die Erschütterung eines solchen durch die Wucht des Anlaufs noch gefährlicheren Falls von $1\frac{1}{2}$—2 m Höhe herab bleiben die meisten Reiter im ersten Moment mehr oder weniger besinnungslos liegen, erholen sich aber meist sehr schnell wieder, wie denn zum Glück in der Regel alle Stürze meist ungefährlicher verlaufen, als sie aussehen. Auf der italienischen Reitschule haben sich aber immerhin in letzter Zeit drei Reitlehrer hintereinander beim Hochsprung das Genick gebrochen. Meist werden eben Komplikationen schuld sein, wenn der Sturz schlimmere Folgen nimmt. Das Gefährlichste ist, unter das Pferd liegen zu kommen und gar von ihm getreten zu werden. Es muß also das Bestreben des fallenden Reiters sein, sich möglichst schnell vom Pferde zu trennen und soweit wegzukugeln wie möglich, wenn er den Sturz für unvermeidlich hält. Es ist dazu meist auch genug Zeit vorhanden, da der Fall immerhin langsamer erfolgt, als beim Rennen. Die Chance aber, weit vom Pferde weggeschleudert zu werden, ist

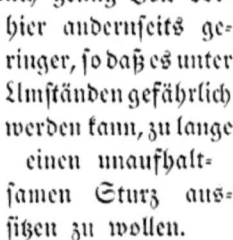

hier andernseits geringer, so daß es unter Umständen gefährlich werden kann, zu lange einen unaufhaltsamen Sturz aussitzen zu wollen.

Adjustement von Reiter und Pferd.

as den Anzug des Reiters oder der Reiterin be-
trifft, die sich an öffentlichen Prüfungen beteiligen
wollen, so kann ich mich getrost auf wenige kurze
Hinweise beschränken. Die meisten werden da schon
das Richtige zu finden wissen.

Den Offizieren, die bei uns ja stets in Uniform reiten, ist
der Anzug überdies meist vorgeschrieben. Vielleicht würde sich

Landung nach dem Wassergraben.

hier indessen empfehlen, ebenso wie das beim Rennreiten der Fall
ist, statt der festangeschraubten Sporen die praktischeren Anschnall-
sporen zu wählen, die ja auch bereits für Gamaschen überall eingeführt

sind. Im Falle des Sturzes und des möglichen Hängenbleibens, ist die Gefahr, geschleift zu werden nicht so groß; überdies kann man Art und Schärfegrad der Sporen besser dem Pferde akkommodieren. Handschuhe kann man praktischerweise, ebenso wie beim Rennen, auch hier weglassen. Jedenfalls müssen Handschuhe sehr weit und bequem sein, um nicht zu genieren.

Grabensprung.

In Offizier=Springkonkurrenzen, zu denen auch Reserve= offiziere zugelassen werden sollten, wenn sie ihre Pferde selbst reiten, wäre auch für sie die Uniform obligatorisch zu machen. Sie gibt dem Ganzen ein patriotisches Gepräge, das ihm mit Recht zukommt.

Herren vom Zivil wählen meist den kleidsamen roten Jagd= anzug, der auch im Ausland bei den Springkonkurrenzen mit Ausnahme der nur Offizieren ausschließlich reservierten Kon= kurrenzen (Ausnahme seit 1910 England, wo die Offiziere zum erstenmal stets und überall in Uniform reiten) gang und gäbe ist. Damen reiten ebenfalls so, wie sie zum Meet der Jagd erscheinen

würden. Ihnen besonders brauche ich kaum Ratschläge zu geben.
Der offene Reitrock hat sich bei Stürzen gut bewährt. Damen
im Herrensitz und Mädchen wählen meist eine Art Promenaden=
reitanzug.

Er sei vor allem bequem und leicht. Die Kopfbedeckung
muß unbedingt fest sitzen. Nichts wirkt störender, als eine sich

Englischer Sprung.

lösende Kopfbedeckung. Besonders mag dies für Damen gelten,
die es nicht so ganz einfach haben, den Hut sicher zu befestigen.

Mit Sporen sei man äußerst vorsichtig. Unbeabsichtigte
mehr oder weniger große und tiefe Risse in der Pferdehaut sind
nicht selten. Wer seiner Sache nicht ganz sicher ist und wer mit
dem betreffenden Pferde ohne scharfe Sporen auskommen kann,
lasse sie lieber ganz weg oder wähle wenigstens stumpfe. Viele
Fehler werden vor dem Sprung oft nur durch unnötiges irri=
tierendes Sporenbewegen verursacht.

Noch gefährlicher ist die Peitsche. Sie richtig zu führen, ist
außerordentlich schwer. Damen brauchen sie wohl, um den rechts

mangelnden Schenkel zu ersetzen. Wer sie aber sonst irgend ent=
behren kann, lasse sie lieber weg. Es sind nicht nur genug Pferde
damit verdorben worden, sondern oft genug verursacht der Reiter
allein durch eine unsachgemäße Peitschenhilfe einen Fehler des
Pferdes und damit den Verlust der Konkurrenz oder gar einen
Sturz. Die Peitsche sollte nur aufgenommen werden, solange
man sie gebraucht. Nichts aber sieht unsportlicher und häßlicher

Aufsprung auf Irischem Wall.

aus, als Prügelszenen auf dem Concours. Hier ist es zu spät,
Pferde zu korrigieren.

Etwas Rücksicht mit keilenden Pferden gegen seine lieben
Mitkonkurrenten darf ich endlich Manchem ans Herz legen. Es
ist oft rührend damit, und steht doch schon im Knigge. Hier darf
ich auch wohl erwähnen, wie wohltuend es wirkte, daß man z. B.
in Olympia=London trotz der begreiflichen Aufregung aller Kon=
kurrenten nie auch nur ein lautes oder heftiges Wort zu Ange=

stellten, Burschen usw. in den Stallungen und Korridoren hörte. Musterhaft war auch der stoische Gleichmut, mit dem sich alle Konkurrenten, voran die Engländer, jedem Richterspruch unterwarfen.

Etwas ausführlicher muß ich schon werden, wenn ich auf das Adjustement der Pferde eingehe. Denn hier wird mehr gesündigt.

Vom Sattel ist wenig zu sagen. Jeder wählt den, der ihm am bequemsten ist. Ob mit, ob ohne Pauschen, ob groß, ob

Natursprung in Pau.

klein bleibt ganz der persönlichen Bequemlichkeit, Gewohnheit und Sicherheit überlassen. Man sieht zwar zuweilen in Hochsprung-konkurrenzen der Gewichtsersparnis halber, die hier etwas ausmacht, kleine Steeple Chase-Sättel bei schwereren Herren, doch sollte für Jagdsprungkonkurrenzen der große, bequeme, flache Jagd-sattel, nach englischem Modell nicht mit außen aufgenähten Pauschen die Regel bilden. Damen wählen zweckmäßig ebenfalls einen weiten, bequemen englischen Sattel, je nach Gewohnheit

und Geschmack mit oder ohne Hirschlederbezug, der indessen von
vielen guten Reiterinnen der sicheren Anschmiegsamkeit halber be=
vorzugt wird. Die Gabeln können nicht breit genug und müssen

Herr S. M. Baer auf Debutante.

nicht zu kurz und ein wenig der Beinform angepaßt, geschwungen
sein. Als Gurt ist der dunkle breite Jagdgurt (3teilig) am vor=
teilhaftesten. Alles Sattelzeug soll beim Springen, wie bei der
Jagd nicht zu neu und hell sein, nicht zu sehr nach frischem Kauf
aus dem Sattlerladen aussehen, sondern schon mehr die ehrfurcht=
erregende Patina fleißigen Gebrauchs zeigen, ebenso wie der
rote Rock des Jagdreiters nicht zu neu aussehen darf. Beim
Sattelzeug, besonders aber Zügeln, Gurten, Schnallen und Strippen
überzeuge man sich vorher recht genau, ob alles auch noch fest
und haltbar genug und nicht aus Altersschwäche morsch geworden
ist und gar beim Concours reißen kann. Das führt zu unlieb=
samen Stürzen und kostet unnütz viel Ärger und — Geld.

Neue glatte Zügel kann man erst recht nicht beim Jagd=
springen gebrauchen. Empfehlenswerter als sog. Pullerknötchen
an den Zügeln sind geflochtene Zügel, die sich besser halten lassen
und häufiges Nachgreifen ersparen. Bei Prüfungen im Freien,
bei Kälte und Regen versehe man sich unter Umständen mit
wollenen Handschuhen, in denen man dann die Zügel am besten
halten kann und nicht so an den Fingern friert, daß man die
Zügel nicht weich und doch fest halten kann.

Bei dieser Gelegenheit fallen mir auch noch die Gummi=
schuhe ein, die man auf feuchtem Rasenboden praktischerweise bis
unmittelbar vor dem Aufsitzen trägt, um nicht bei glatten Sohlen
die Bügel leicht zu verlieren. Kleine Gummistrippen, wie sie
zuweilen von Rennreitern um das Fußgelenk und den Bügel=
riemen getragen werden, und wie sie zum Zuschnüren von Paketen
in den Geschäften gebraucht werden, sind auch nicht unpraktisch.
Zwar hat man beim Springen besser Gelegenheit, mit einer Hand

Rittm. Rauinhar (Oestr. Ul. 4) auf Hans.

herunter zu fassen, als auf pullendem Rennpferde um einen ver=
lorenen Bügel wieder aufzunehmen, doch kann dieser Moment
gerade in Spring=Bahnen, wo die Hindernisse sich schnell auf=

einander folgen, genügen, durch mangelnde Unterstützung des Pferdes oder schlechte Regulierung der Pace einen Fehler oder gar Sturz zu verschulden. Der Erfolg hängt auch hier oft an Kleinigkeiten. Gute Reiter verlieren zwar selten die Bügel, doch

Oblt. Paldt auf Porthos (1,80 m!).
Phot E. Seebald, Wien.

können schwere Rumpler und dergleichen, bei Springkonkurrenzen immerhin leicht mögliche unvorhergesehene Zwischenfälle, auch den sichersten Reiter einmal in kritische Situation bringen.

Zum Schutze der Pferdebeine dienen Bandagen oder Gamaschen, die aber gut sitzen müssen und nicht etwa unterwegs aufgehen dürfen. Unangenehme Stürze könnten die Folge sein. Auch Bandagieren der Hinterbeine kann sich empfehlen, wo man nicht ganz sicher ist, daß nicht eine splitternde Stange oder dergl. das Pferd verletzen kann. Besonders für Anfänger im Metier und zum Einspringen sollte man stets alle diese Vorsichtsmaßregeln, unter Umständen selbst Kniekappen anwenden, die allerdings auf den Concours selbst nicht mehr gehören. Dagegen kann man sehr wohl Kronenschützer aus Gummi selbst zum Concours anlegen, die die Pferde vor den besonders bei Grabensprüngen häufigen Ballen- und Kronentritten wirksam schützen.

Ob man ein Vorderzeug wählen will, oder nicht, ist gänzlich Ansichtssache. Unter Umständen kann ein solches in kritischem

Moment, besonders bei Pferden, die keine Mähne haben, von Vorteil sein, besonders auch für Damen.

Martingales können hier, langgeschnallt, auch kaum schaden, dagegen die Dame vor eventuellem Kopfschlagen des Pferdes

Lt. Graf v. Holck (3. G.-Ul.) im „In and out" beim Concours hippique zu Ruhleben.

wirksam schützen. Einige, nicht ganz fertig gerittene Pferde gehen damit auch gerader und besser. Hier ist alles erlaubt, was dem Zwecke dient. Ein zu kurz geschnalltes Martingale, womöglich durch den einzigen Kandarenzügel (im Ausland reitet man viel ganz ohne Unterlegtrense) geschlauft, dürfte eher in die Marter=instrumentenkammer einer Ausstellung des Mittelalters, als auf den Concours gehören. Gleichwohl sah ich, besonders in Paris,

derlei Adjuſtements oft — ſogar mit Erfolg — in ſchweren
Springkonkurrenzen angewendet. Die Pferde gingen übrigens trotzdem mit ganz hoher Naſe, was auch gar nicht verhindert werden
ſollte, und wurden vor und in dem Sprung mit wunderbarem
Geſchick losgelaſſen. Ich möchte dieſe unſchöne Aushilfe aber
niemand empfehlen.

Praktiſcher und beſſer, als das etwas veraltete Ring-
Martingale iſt das moderne ſog. „Standing-Martingale", das
wohl aus den Poloſtällen ſeinen Eingang in den Jagdſtall gefunden hat. Es iſt dies ein langer, durch den Vorderzeughals-
riemen geſchlaufter Zügel, der unter dem Pferdebauch am Gurt
befeſtigt iſt und im Naſenriemen des (Brüſſeler) Halfters endigt.
Er verhindert ebenfalls und wirkſamer, als das Ring-Martingal
das Naſenſchlagen und läßt das Maul des Pferdes unbehelligt.

Seine Wirkung erſtreckt ſich auf das Naſenbein, einen
äußerſt empfindlichen Teil des Pferdes. Lang genug geſchnallt,
hat das Standing-Martingale ſeine entſchiedenen Vorzüge. Für
tadellos gehorſame, zugerittene, in angenehmer weicher Anlehnung
und Haltung gehende Pferde iſt alles das gänzlich überflüſſig.
Es gibt wohl auch ſolche, die beim Springen heftiger, als ſonſt
werden, wie die meiſten Pferde, doch hilft dagegen meiſt eher
weiche Nachgiebigkeit der Hand bei ſonſt kräftig treibenden Hilfen,
als ſolche mechaniſche Behelfsmittel, die immer nur „faule Knechte"
bleiben. —

Wenn ich zum Schluß auf die Zäumungsfrage ſelbſt komme,
ſo muß ich vorausſchicken, daß auch hier keine Regel ohne Ausnahme bleibt.

Im allgemeinen dürfte eine weiche Kandarenzäumung das
Richtige ſein.

Die Kinnkette, ohne Gummi, recht weich gelegt, darf dem
Pferde kein Unbehagen verurſachen. Pferde, die nur durch den
Druck der Kandare gehalten werden können, werden ſelten gut
ſpringen. Die größte Weichheit und Nachgiebigkeit iſt hier am
Platze. Es gibt natürlich auch Pferde, die unter hervorragenden
Reitern trotz ſcharfer Zäumung im Sprung nicht im Maul in-
kommodiert werden, ſo z. B. die bekannte „Hojotoho" des
Herrn v. Guenther, die ziemlich tief und ſcharf gezäumt, auf einer

handfesten Kandare lange Jahre hindurch Springkonkurrenzen gewann. Allerdings zeigte sie vor wie nachher gewisse verbrecherische
Neigungen. Die Länge der Kandarenanzüge ist ganz individuell.
Man kann mit langen Anzügen ein Pferd sehr weich reiten und
mit ganz kurzen (sogen. Saumur-Kandare) sehr hart festhalten.
Viele Pferde versuchen, wohl um sich der Einwirkung der Reiter-
faust zu entziehen, die Scheerbäume mit den Zähnen zu fassen.
Sie brechen dann leicht nach einer Seite fort und müssen daher
einen Fangriemen bekommen.

Das Gebißstück selbst muß in Dicke, Breite und Schärfe
ganz dem individuellen Erfordernis angepaßt sein. Im allgemeinen
ist zu weich gezäunt der kleinere Fehler, als zu scharf; denn es wird
weit mehr durch Festhalten gesündigt, als durch zu nachgiebiges
Loslassen. Ein gewisses „Luft“ geben, ist beim Jagd- und Hochsprung eher am Platz als beim Rennen, wo man das Pferd, um
keine Zeit zu verlieren, im Schnellsprung gut am Zügel halten muß.

Die Trense hat sich im allgemeinen beim Jagdspringen
weniger gut bewährt. Man sieht sie in professionellen Spring-
ställen fast gar nicht. Die Pferde neigen darauf eher zum Pullen,
sind nicht so sehr in der Hand des Reiters und gehen nicht so
aufmerksam, als auf einer weich geführten Kandare. Es ist aber
keineswegs ausgeschlossen, ein gutgerittenes, gehorsames Pferd,
ebenso weich und sicher auf der Trense zu führen. Es entspricht
nur eben nicht ganz dem Charakter der Jagd und des fertig gerittenen Gebrauchspferdes. Meist sind die Pferde, die damit
auf Concours erscheinen auch rohe Schrammer. Reithalfter
und Kehlriemen müssen endlich weit genug geschnallt sein, um das
Pferd nicht zu behindern.

Hindernisse.

Nicht nur auf den entlegensten Provinzbahnen, die dem kleinsten Herrensport dienen, sondern auch vielfach auf den großen Rennplätzen hört man immer wieder berechtigte Klagen über unfaire Hindernisse. Des Vergleichs mit den Concourshindernissen halber wollen wir sie einmal näher betrachten.

Wenn wir uns von vornherein auf den modernen Standpunkt stellen, der bei den Jagdrennen die Hauptbetonung auf die beiden Endsilben legt, so fallen für einen solchen fairen Hinderniskurs von vornherein alle die Hindernisse fort, die mehr den Charakter der Geländejagd tragen, wie sie heute nur noch vereinzelt im großen Rennbetriebe als historische Reminiszenzen erhalten sind. So also die Horner Wälle, die Iffezheimer Felder, einzelnes vom Castroper Kurs, vor allem jegliche Bodenunebenheiten (Schanzen u. dergl.) und Kletterpartien. Weiter wären in diese

Moderner Hochsprungapparat mit Bambusröhren.

Rubrik noch alle irischen Bänke, Doppelsprünge, Bretterwände, Barrieren, Balkenstapel und dergl. widerstandsfähige Obstakles zu.

rechnen, die Anlaß zu einer verlangsamten Fahrt bieten könnten. Fred Schmidt-Benecke, der einstige Champion-Herrenreiter, will in seinem Buch über den Hindernissport auch mehr oder weniger alle Gräben verbannt wissen, weil wenige Pferde sie in voller Fahrt gut sprängen.

Zugegeben also, daß für große Hindernisprüfungen nur Sprünge am Platze sind, die aus voller Pace gesprungen werden können, und die nicht allzu große Ansprüche an die Erfahrung und Geschicklichkeit des jungen Steeplers stellen, so ist damit nicht auch gesagt, daß man auf das Springvermögen überhaupt verzichten und uneingesprungenen Hürdenpferden das Tor zum Siege öffnen soll. Nein, im Gegenteil, man darf von einer reellen Prüfung über Hindernisse Sprünge fordern, welche die Leistungsfähigkeit der Pferde auf diesem Gebiete erhärten.

Die diversen Hecken, Hürden, englischen Sprünge, Wallhecken, Steinrasenwälle usw., die allein für eine ultramoderne Bahn übrig bleiben, und die alle im oberen Teil gewischt werden können, sollten wenigstens in ihrer absoluten festen Höhe und in ihrer Tiefenbasis derartige Dimensionen haben, daß kein Pferd, ohne reell eingesprungen zu sein, über die Bahn kommt. Dazu ist weiter Voraussetzung, daß die Sprünge dem Gelände angepaßt, auf langen geraden Linien, nicht gerade in Kurven liegen und die Gräben rechtzeitig zu sehen sind.

Vor senkrechten Hecken wäre, wo passend, ein Absprungrail anzubringen. Gräben könnten am besten mit niedriger durchsichtiger Absprung-Bürste angelegt sein. Verdeckende Hecken oder Hürden davor erfüllen auch meist den Zweck (Koppelricks sind auch nicht mehr modern und springen sich tatsächlich wenig gut in der Fahrt), sind aber als „fauler Knecht" nicht unbedingt zu verneinen. Sie werden bei zu frühem Absprung des Pferdes, mit dem immerhin gerade heute gerechnet werden muß, allerdings leicht zur verhängnisvollen „Mausefalle", wenn der dahinterliegende Graben besonders breit ist.

Der englische Sprung besteht aus einem niedrigen Absprungrail und einer dahinter liegenden Wallhecke, die durch einen nicht zu breiten Graben getrennt sind. In Deutschland ist es auch oft nur eine Rinne, und statt des heckenbepflanzten Walles benutzt man oft eine gewöhnliche Hecke. In England liegt der Graben aber oft hinter dem Hochhindernis, nur ist dann die Sache bedeutend komplizierter und schwieriger. Buchsbaum, Ginster, Tuja, Liguster, Taxus, Flieder, Spiraen, Jasmin, Weißdorn, Hollunder, Fichten, Koniferen usw. geben einigermaßen Abwechslung in den Hecken und Wallarten.

Die Steinwälle (sich nach oben verjüngende Mauern) sind mit einer Rasenplattenschicht bedeckt, die nötigenfalls nachgibt.

Der „Karlshorster Sprung".

In England (Grand National zu Liverpool) findet man auch oft die Gräben (ohne Ricks) vor den Hecken, was für unsere Bahnen ein etwas unsympatischer Sprung sein würde.

Voraussetzung ist weiter noch, daß die Sprünge nicht zu schmal, also selbst für kleine Bahnen mindestens 10 m lang sind, damit bei großen Feldern und im Staub keine Drängelei entsteht und daß sämtliche Hindernisse von reellen Fängen flankiert sind, die schräg zum Sprung stehen und das Hindernis möglichst dem Gelände angelehnt erscheinen lassen. Baumgruppen oder Büsche sollten also möglichst auch noch die Sprünge einsäumen.

Ganz anders liegt die Sache bei Springkonkurrenzen. Die haben mit Steeple Chases nichts zu tun, und man muß sich frei

von Gedanken machen, die aus jenem Gebiete entnommen sind,
wenn man eine Parcours-Bahn kritisiert.

Immerhin wird auch hier sehr viel gesündigt.

Springpferde, die diesen Namen verdienen (und das sollten
alle Jagdpferde sein), werden nun bald so gerissen und lernen die
einzelnen Sprungarten so gut zu unterscheiden und sich danach zu

Lt. Carlos Chevalier de Selliers de Moranville
(2. belg. Guides) nimmt die Triplebarre in Frankfurt.
(Phot. E. Zirkel, Darmstadt.)

schonen und zu drücken, daß man solchen Pferden nicht mit so
lächerlichen und wackligen Improvisationshindernissen kommen darf,
die wie Kartenhäuser umfallen oder so seicht wie ein Milchtopf
sind; da lacht einen der allzuroutinierte Springer einfach aus und
wirft das Hindernis um und galoppiert drüber oder durch. Das
ist ihm kaum übelzunehmen. (Muß man doch immer wieder an
die Jagd in Wirklichkeit denken.) Man soll eben die Hindernisse
so massiv bauen, daß sie respektiert werden müssen.

Eine lose aufgelegte Latte oder ein Balken zum Markieren von Fehlern läßt sich trotzdem anbringen. Aus dem Grunde des zu leichten Umfallens bei beträchtlicher Höhe blieben z. B. die Italiener in diesem Jahre der Londoner Olympia Show gänzlich fern!

Sind also die Sprünge massiv genug, so müssen sie andererseits ebenso günstig liegen wie die Rennsprünge, also nicht gerade am Ausgang, in Kurven usw.

Stürze braucht man nicht so ängstlich zu befürchten. (Ich spreche nicht von Hochsprungkonkurrenzen, bei denen der mit Fängen versehene Sprungapparat zum Umfallen oder Herunterfallen der oberen Teile eingerichtet sein muß.)

Wer sein Pferd zu einer Springkonkurrenz gehörig vorbereitet hat, fällt nicht so leicht, und schließlich geben die meisten Sachen ja wirklichem Anprall doch nach oder fallen ganz um. Stürze hierbei sind nicht ganz zu vermeiden und auch meistens ganz ungefährlich. Je mehr das Verständnis für den Springsport reift, um so seltener werden Tiere am Platz erscheinen, mit denen zu springen ein selbstmörderisches Unternehmen bildet.

Die Länge der Hindernisse richtet sich nach dem zur Verfügung stehenden Terrain. Auf einem großen weiten Platz müssen die einzelnen Sprünge breiter (8 m) sein, als etwa in geschlossener Arena (5 m).

Die Frage der Fänge ist vielumstritten. Im Ausland benutzt man die Fänge meist zum Parcours. Eine Art Gehorsams= oder vielmehr Spring=Passions=Prüfung ist dann also nicht damit verbunden. Natürlich muß man im schnellen Tempo seines Pferdes sicher sein. Mit Fängen müssen aber die Hindernisse noch klobiger und höher sein, um ein genügend klassifizierendes Resultat zu zeitigen, als wenn man als Gehorsamsprüfung schmälere Hindernisse ohne Fänge einlegt. Auch schmale Zäune oder Barrieren mit kurzen, schmalen Fängen erfüllen schon — wie es in Brüssel der Fall war — häufig den Zweck, die Pferde auf Gehorsam und Geradeausspringen hin zu prüfen.

Gräben sollten, ob offen oder mit „Bürste" davor versehen, stets mit Fängen stehen. Sonst wissen die Pferde nicht, was

fie mit dem „Loch" anfangen follen; es fei denn ein natürlicher
Graben oder Wafferlauf.

Spezielle Gehorfamsfprünge, wie ganz fchmale Tore zwifchen
höheren Hecken oder freiftehende Barrieren, von denen aus nach
rechts und links etwa Draht gedacht ift, find fehr willkommene,

Fräulein A. Lange,
Siegerin in der Drahtfpringkonkurrenz zu Travemünde auf Rayo.
(Phot. O. Voß, Hamburg.)

wohlberechtigte Prüfungen auf Rittigkeit ufw., zumal hierbei das
Tempo doch wohl meift etwas eingefangen und verkürzt werden muß.

Was die einzelnen Arten von Hinderniffen anbelangt, fo ift
hier der Abwechflung und Erfindungskraft kaum eine Grenze ge=
zogen. Kanonen= und Figurenfcheiben mit beim Streifen abfallenden
Köpfen, wie fie früher bei der Olympia Show in London zu fehen
waren und durchweg fchlecht gefprungen oder gar refüfiert wurden,
halte ich allerdings für eine zu weitgehende Verirrung. Parc
à Mouton und Chauffeefprünge, Doppel= oder dreifache Sprünge

8*

— auch Gräben — mit Intervallen zeigen die Geschicklichkeit und Aufnahmefähigkeit (Gerittensein) des Pferdes. Ebenso plötzliche Wendungen nach einem oder dem anderen Sprung.

Schmale Tore oder Barrieren wiederum beweisen den Gehorsam.

Kombinierte Sprünge, etwa 5 Hürden dicht hintereinander, oder 2 schmal gestellte Barrieren usw., die in einem zu springen sind, illustrieren Mut und Sprungvermögen des Hunters.

Gräben erfordern ein besonderes Geschick, den richtigen Absprung zu finden, die Breite genau zu taxieren und vorwärtszugehen. Deshalb eignen sie sich gerade besonders für unsere deutschen edlen Pferde.

Die anderen Arten von Hochsprüngen, wie Mauern, Hecken, Koppelricks, Bretterwände

Oblt. Frhr. v. Maercken zu Geerath auf Starlight über dem Frankfurter Holzstoß.

und Zäune, Balken, Barrieren usw. erfordern zwar die positivste Sprungleistung, sind aber verhältnismäßig leichter zu nehmen, als die vorgenannten Spezialitäten.

Endlich kommen die mannigfaltigsten Kletter= und Rutsch= partien, die auch zur Prüfung eines Geländepferdes gehören und die sich ebenfalls außerordentlich schwierig und mannigfaltig gestalten lassen.

Eine Art für sich bilden die irischen Bänke, die, je höher und schmaler, desto schwieriger werden.

Auch kombinierte Arten von Weit= und Hochsprung in der
Art der englischen open ditches (Hecke mit Graben davor oder
dahinter) sind zu empfehlen.

Wird die Zeit gemessen, so muß der zu durchlaufende Weg
genau mit Wendeflaggen u. dgl. bezeichnet sein.

Der Concoursssport in Deutschland steckt noch in den Kinder=
schuhen. Es fehlt ihm vor allen Dingen an einheitlicher Regelung,
und daraus ergeben sich für die Interessenten auf den verschiedenen

Sturz beim Concours hippique in Pau.

Plätzen allerlei unangenehme Überraschungen und Schwierigkeiten.
Der Kartellverband wird daher ein reiches Feld der Tätigkeit
finden und vor allem ein allgemein gültiges Reglement sowie ein
offizielles Organ der Veröffentlichungen analog dem Renn=
Reglement und dem Renn=Kalender herauszugeben haben. Erst
dann wird das reiterliche Niveau, besonders der Springkonkurrenzen,
sich heben. Vorläufig, darüber kann kein Zweifel herrschen, sind
uns andere Nationen darin weit voraus.

Unsere Reiteroffiziere, die im Steeple=Chase=Reiten die
ersten in der Welt sind, werden freudig auch diesen zukunftsreichen

Sport aufgreifen in der sicheren Erkenntnis seines praktischen
Wertes.

Auch Art und Aufstellung der zu nehmenden Hindernisse
bedürfte dringend der Beaufsichtigung durch eine Zentralober-
instanz. Schmale Hindernisse ohne Fänge mitten im Gelände
(die Reitbahn kann höchstens ein Notbehelf sein) aufzubauen, ist
ein Unding. Die Hindernisse müssen möglichst den Charakter des
Wirklichen besitzen, wie es die Jagd mit sich bringt. Gräben
ohne Fänge und sonstige Maskierung, wie sie z. B. auf dem
Concours hippique auf der Ruhlebener Traberbahn in der Jagd-
springkonkurrenz zu nehmen waren, sind unwahrscheinlich. Will
man an einem Hochhindernis den Gehorsam erproben, so mag
man an ihm eine Stelle genau bezeichnen, an der gesprungen
werden muß, oder lege ein schmales Tor zwischen hohen Hecken
oder Drahtzäunen an.

Der absolute Hochsprung, der für uns nur von indirektem
Wert ist, erfordert eine schräge Hürde vor dem eigentlichen Hochsprungapparat. Dieser hat ebenfalls eine leicht schräge Richtung
und dient zur Auflage von leichten, hohlen, mehrfach zersägten
Bambusröhren, die mit geweißtem Strohseil umwickelt sind.
Diese Art von Stangen hat sich außerordentlich bewährt. Sie
brechen nie und können vor allem kein Pferd verletzen.

Eine Zusammenstellung der den größeren Concoursplätzen
eigentümlichen Hindernisse und ihrer Abmessungen möge hier
Platz finden:

A. Ausland.
I. Luzern (f. Abbildungen).

1. Straßenübergang Nr. 4, 8 m breit, mit Auf- und Absprung
   etwa 1,50 m hoch.
2. Irischer Wall Nr. 5, 1,50 m hoch, 1,20 m breit, Graben
   und 50 cm hohe Hürde dahinter.
3. Straßenübergang Nr. 6, 4 m breit, von zwei Mauern,
   je 1 m hoch, eingefaßt.
4. Graben Nr. 7, 2 m breit, mit Koppelrick davor und
   dahinter (0,90 m hoch).
5. Gartentor Nr. 8, 2,50 m schmal, eingefaßt von Mauer-
   schmuck.

6. Fußweg Nr. 9, 1,20 m schmal, mit Hürde und Koppelrick (0,90 und 1,20 m) davor und dahinter.
7. Gatter Nr. 10, 2,25 m schmal in Drahtzaun.

8. Straßenübergang Nr. 12, 7 m breit mit 2 Brooks (Koppelrick und Graben) 1 m hoch und 1—1,50 m breit.
9. Graben mit Aufsprung Nr. 13 zum Klettern. (Moderiert
auch auf dem Frankfurter Ausstellungsconcours.)
10. Paddockeinfriedigung Nr. 14, 1,20 m hoch.

11. Graben.

12. Mauer.

13. und 14. Hecken.

Alle Hindernisse mit Fängen.

II. Paris (Grand-Palais des Champs-Elysées).

1. Hecken.

2. Rickhecken, 1,10—1,50 m.

3. weiße und braune Koppelricks.

4. weißes Gatter.

5. schmales Tor.

6. hellgestrichene Mauern.

7. rötlicher Bretterkasten.

8. Staketenzaun.

9. Wall, 1,80 m hoch, lebende Hecke 8 m dahinter.

10. Doppelsprung 6 m auseinander, Mauer und Koppelrick 1,30 m hoch.

11. Doublebarre 1 : 1 m.

12. Graben, 4 m breit mit Bürste davor.

Alle Hindernisse mit hohen und langen Fängen versehen.

III. Rom. Bahn 450 m lang, meist zweimal herum.

1. Hürde 1,10 m.

2. Mauer 1,10 m.

3. Gatter 1,20 m.

4. Straßenübergang mit Gatter bezw. Mauereinfassung von 1,10 m.

5. Doppelsprung, 1,20 m und 1,30 m hoch, 6 m voneinander entfernt.

6. Graben, 1,20 m breit vor 1,50 m breiter und 1,20 m hoher Mauer.

7. dreifacher Sprung, Gatter, Mauer und Gatter, 1,10 : 1,20 : 1,20 m in 6 m Abständen.

8. Triplebarre 1,20 m.

9. Hecke 1,40 m hoch mit Graben 1,50 m breit dahinter.

10. Doppelwall mit Wassergraben dazwischen; 5 m davor und ebensoweit dahinter je ein Gatter 1,20 m hoch.

11. Lattenzaun 1,20 m.

12. Brook und Gatter 1 m, Graben 3 m.

Zu Nr. 10: Wälle je 2½ m hoch, 1 m obere Breite, 4 m Basis. Dazwischen 4 m Zwischenraum, in dem ein 2 m breiter Wassergraben liegt. 1,50 m nach dem ersten Wall, 0,50 m vor dem zweiten Wall fester Boden. Alle Hindernisse mit Fängen.

Steinwall in San Remo.

IV. Spa.

1. Wassergraben, 4 m breit mit lebender Hecke davor.

2. trockener Graben, 3,50 m breit mit steilen Rändern auf einem flachgeböschten, 1,50 m hohen Wall liegend.

3. Doppelrick 1,10 m hoch, 1,50 m voneinander durch einen Graben entfernt.

4. 1,20 m hohes Koppelrick und ebenso hohe Hecke 1 m voneinander entfernt.

5. Schräges Koppelrick mit 2 m breitem Graben dahinter.
6. Holztor mit Wassergraben dahinter.
7. Irischer Wall 1,50 m hoch, oben 2 m breit; Gräben davor und dahinter.
8. Kletterwall 3,50 m hoch, oben gewölbt.
9. 1,80 m hohes Bullfinch (Wischhecke).
10. Gates, weiß und braun.
11. Steinmauer.
12. Doppelsprung.
13. schmales Tor.

Alle Hindernisse mit Fängen.

V. London (Olympia-Hall).

Höhe der Hindernisse zwischen 1,20 und 1,50 m.

1. Hecke.
2. Triplebarre.
3. weißer Staketenzaun.
4. weißes Gate.
5. weißes Gatter mit Latte darüber.
6. brauner Flechtzaun (Claie) mit weißem flachem Rail darüber.
7. weißes Tor 1,50 m.
8. Wall 1,50 m hoch, schräg geböscht. Im Aufsprung ein weißes Rick, 1,20 m hoch, 3 m nach dem Abstieg ebenfalls ein weißes Gate 1,20 m hoch zu springen. (Kein Graben.)

Alle Hindernisse 8 m lang und mit hohen weißen Fängen versehen. Vier der Sprünge je 2 mal zu springen. Maximalzeit 2 Minuten.

VI. Brüssel (Palais du Cinquantenaire).

Höhe der Hindernisse zwischen 1,10 und 1,40 m.

1. Kleiner grüner Wall mit braunem Koppelrick darauf.
2. Hecke mit weißem Balken darauf.
3. Hecke mit braunem Rick.
4. Graben.
5. Hecke.
6. weißes Koppelrick.

7. ſchmales braunes Koppelrick mit ſchmalem Graben.
8. Graben mit braunem ſehr ſchmalen Koppelrick dahinter.
   Beide letztere auf der Diagonalen und mit ſehr ſchmalen
   und kurzen Fängen. (Gehorſamsſprünge.)
9. Hohe Hürde.

Sturz am Tribünenbach zu Auteuil.

10. Rickhecke mit braunem Holzrail.
11. Doppelwall (Hohlweg).
12. Rickhecke mit weißen Rails.
13. Doppelbarre, mit Tannen ausgefüllt.
14. Mauer (weiß).
    Alle Hinderniſſe mit ſehr langen, hohen, ſprunggarten-
    artigen Fängen.

B. Deutschland.

I. Berlin (Ruhleben).

1. Einfacher weißer Balken 1,15 m.
2. braunes Koppelrick 1,00 m mit trockenem Graben 1,50 m davor oder dahinter.
3. Doublebarre weiß 1 : 1 m.
4. braunes Koppelrick 1,15 m.
5. Doppelsprung, braune Holzgitter 1,10 in 8 m Abstand.
6. weißes Balkentor 1,10 m hoch), 3,50 m breit, rechts und links davor Draht angenommen.
7. rötliche Mauer 1,16 m.
8. Offener Wassergraben 3,25 m breit.

Sämtliche Hindernisse außer 8 ohne Fänge.

II. Hannover (Militär-Reit-Institut).

1. Baumstamm, 1,20 m im Durchmesser.
2. Doppelsprung, 2 Koppelricks 1,10 m in 10 m Abstand.
3. Hürde zum Hin- und Herspringen, 1,10 m.
4. Wall 1,10 m hoch, senkrecht abgestochen. 1 m breiter Graben davor, 3 m breiter Graben dahinter.
5. Steinmauer (rot) 1,10 m mit Absprungstange.
6. Hürdenhecke mit Rail 1,10 m.
7. Fußweg mit Koppelricks eingefaßt; 1 m breiter Weg und 1 und 1,10 m hohe Einfassungen.
8. Koppelrick 1,10 m mit 2,50 m breitem Wassergraben davor oder dahinter.

III. Frankfurt a. M.

(Internationale Ausstellung für Sport und Spiel.)

1. Hürde 1,20 m.
2. Mauer 1,30 m.
3. Chausseesprung (Hohlweg) 10 m breit, 1,20 m hoch.
4. Schafzaun 1 m : 7 m.
5. Irischer Wall 1,60 m hoch, 2 m obere Breite, Graben davor und dahinter (1,50 m); Absprung gemauert.
6. Offener Graben 3 m.
7. Graben mit Bürste 4 m.

8. Doppelkoppelrick 0,90 m mit 2 m breitem Graben da=
   zwischen.
9. Tor 1,20 m hoch, 3,50 m schmal, rechts und links Draht=
   zaun.
10. Doppelmauer 0,90 m hoch, 4 m auseinander.
11. Triplebarre 70, 90, 1,30 m auf 1,50 m Breite.

1,40 m

Oblt. Graf Spretti (4. Chev.) auf Morenga das „Fort Max" der
Münchener Equitationsanstalt von der Landungsseite aus springend.
(Phot. M. Dietrich, München.)

12. Englischer Sprung 1,50 m hoch, 1 m fest, Rail 0,90 m
    davor.
13. Doppelgraben, je 1 m breit mit Koppelrick 1,20 m hoch
    dazwischen.
14. Paddockeinfriedigung 1,20 m Naturholz.
15. Koppelrick, weiß 1,10 m.
16. Doppelsprung, Koppelricks 1,10 m, 7 m Entfernung.
17. Klettergraben: Hürde, Abstieg, Aufsprung hinter=
    einander.

IV. Hamburg (Polo-Klub).

1. Hürde 1,20 m.
2. Bretterwand 1,10 m.
3. dreifache Hürde.
4. Holzmauer 1,20 m.
5. Graben 3 m mit 0,50 m hohem Rick davor.
6. englischer Sprung 1,20 m.
7. Koppelrick 1,20 m.
8. Tor 1,20 m.
9. Schafzaun 1 : 10 m zu 8 m.

Fänge.

V. Frankfurt a. M. (Polo-Klub).

1. trockener Graben 1,50 m mit braunem Koppelrick 0,90 m dahinter.
2. rote Mauer 1,15 m.
3. Holzstoß 1 : 1 m.
4. Irischer Wall 1,60 m hoch, 2 m breit, schmaler Wasser- graben dahinter.
5. offener Wassergraben 3 m.
6. Tor, abgesessen zu öffnen.
7. einfacher weißer Balken 1,10 m.
8. Bretterwand 1,10 m.

Keine Fänge, außer Graben.

VI. Köln (Tattersall). Hindernisse 1,10—1,30 m.

1. Mauer.
2. weißer Balken.
3. Doppelsprung 6 m Entfernung.

Keine Fänge.

VII. Köln (Reit- und Fahr-Verein).

1. Mauer 1,10 m.
2. Koppelrick 1,10 m.
3. Doppelsprung, Hürden 0,90 m fest, 7 m Abstand.
4. Wassergraben 3 m mit Bürste.

VIII. Frankfurt a. M. (Hippodrom).

1. Einfacher weißer Balken 1,10 m.
2. weißes Koppelrick 1,20 m.

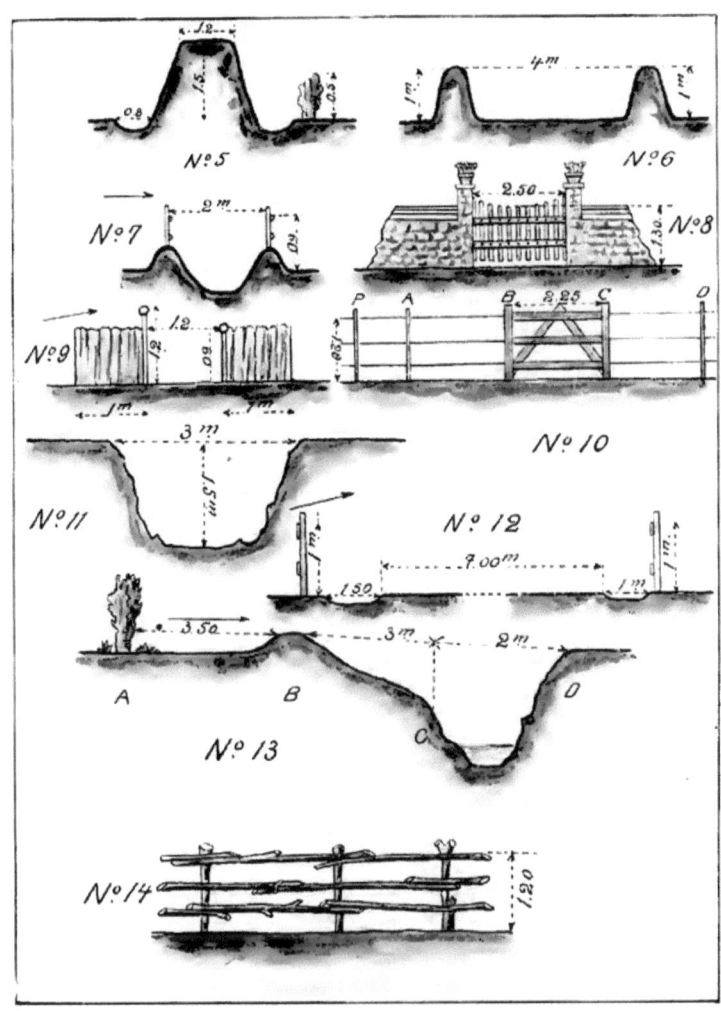

Profile Luzerner Concourshindernisse.

Erläuterungen:

Nr. 5. Frischer Wall.
Nr. 6. Doppelmauer.
Nr. 7. Eingezäunter Graben.
Nr. 8. Mauertor.
Nr. 9. Fußweg zwischen Hecken.

Nr. 10. Drahtzaun Tor.
Nr. 11. Trockener Graben.
Nr. 12. Chaussee-Barrieren-Sprung.
Nr. 13. Ab= und Aufsprung.
Nr. 14. Naturkoppeleinzäunung.

3. schräge Bretterwand, von beiden Seiten zu springen.
4. rote Mauer 1,20 m.
5. Englischer Sprung. (Hürde.)
6. weiße Holzgitter, Doppelsprung 1,10 m : 7 m.
7. Wassergraben 2,50 m mit niedriger Bürste.
Keine Fänge, außer am Graben.

IX. München (Campagne-Reiter-Gesellschaft).
Höhe 1—1,20 m.
1. rote Mauer.
2. carbolineumbraune Bretterwand.
3. carbolineumbraunes Koppelrick.
4. Knüppelhürde.
5. offener Graben 3 m mit Fängen; sonst keine Fänge.

X. Hamburg (Velodrom Rotherbaum).
1. Graben.
2. dreifache Hürde.
3. Koppelrick.
4. Bretterwand.
Mit Fängen, mittleres Maß.

Ein Tag des Pariser Concours hippique.

Lautlos gleitet das Auto durch die Avenue des Champs=
Elysees, um die rasende Fahrt vor dem Grand Palais
zu stoppen. Ein riesiger Monumentalbau von künst=
lerischer Bedeutung, der seit der Weltausstellung von
1900 steht. Die weite, trikoloregeschmückte Halle trägt ein fest=
liches Gepräge. In geräumigen Nebennischen haben sich Kunst,
Gewerbe und Handwerk in geschmackvollen Ausstellungen nieder=
gelassen. Alles hier zeigt sportlichen Charakter. Von dem bronzenen
Torso einer gertenschlanken Amazone gleitet der Blick schließlich
bis zu den letzten Lederbreeches von Bruce & Scott vom Boulevard
des Italiens.

Der Sattelplatz zeigt ein buntes Bild. In karrierte Decken
gehüllte Pferde werden von Stalleuten oder Offiziersordonnanzen
im Kreise herumgeführt oder noch abgetrabt; dazwischen die
roten Röcke der Reiter und eleganten Toiletten der mondainen
Pariserinnen.

Die hohe und lichte, glasüberdeckte Arena hat etwa den
sechsfachen Umfang des Frankfurter Hippodroms. An den langen
Seiten und in der Mitte befinden sich je mehrere Hindernisse.
Man erhält jedoch nicht den Eindruck einer Bahn, sondern den
eines überdeckten Reitplatzes. Die Hindernisse sind äußerst ge=
schickt und geschmackvoll angelegt. Sie sind mit geraden, schmalen,
hohen Fängen, die aus lebenden eingepflanzten Geranken bestehen,
zu beiden Seiten eingefaßt und machen so einen möglichst natur=
ähnlichen Eindruck. Der Charakter des Zerbrechlichen und Im=
provisierten ist gänzlich vermieden, ein Beweis, daß sich eine ele=
gante Hindernisbahn besser anlegen läßt, als in London, ohne
darum lebensgefährlich zu sein. — Tatsächlich brauchte während
des gesamten Preisspringens auch nicht ein einziger Teil eines
Hindernisses ersetzt zu werden. Entzückende Blumenbosketts zieren

die vier Ecken der Halle sowie Graben und Wall. An der weißen
Bande entlang läuft ein grüner Rasenstreifen und an mehreren
Sprüngen sind blühende, in Blechkästen eingepflanzte Sträucher
und Hecken verwendet. Die Hindernisse waren jedesmal nur auf

Vom Pariser Concours hippique im Grand Palais des Champs-Elysées.

einer Hand zu nehmen; am Samstag auf der rechten, am Sonntag
auf der linken. Zum Markieren der Wendungen in den Ecken
waren stilgerechte Zwergtopfbäume usw. verwendet. Die Absprung-
bürste vor dem Wassergraben bildete ein dichter niedriger Gold-
regenstrauch. Die Landungsstelle war mit Korkrinden bedeckt.

Die mittleren Hindernisse sind permanent. Alle sind, wie zur Steeple chase, rot und weiß ausgeflaggt.

Allmählich füllen sich die Sitze. Eine außerordentlich große Zahl der Plätze ist abonniert, da der Pariser Concours sich über drei Wochen hinzieht. Laut schreiende Programmverkäufer durch-ziehen, ihre Ware ausbietend, die Korridore und Stuhlreihen.

Rubandekorierte Preisrichter schrei-ten würdevoll zu ihrer Loge. Der reiterliche Kampf be-ginnt.

Jagdfanfaren, von der hohen Kuppel herabgeschmettert, begrüßen die die Bahn betretenden Reiter. Ein kurzer Salut vor der Jury und das Klingel-zeichen zur „Départ" ertönt. Der Reiter

Lt. Horment (14. französ. Huf.).

setzt sich in Galopp. Je drei aufeinanderfolgende Hindernisse müssen in drei und einer halben Minute Maximum absolviert sein, sonst ertönt wie auch bei wiederholtem Ausbrechen und sonstigen die Zahl des Erlaubten überschreitenden Fehlern das ominöse Glockensignal zum Verlassen der Bahn. Teilweise wird ein Höllentempo geritten. Besonders unmittelbar vor den Sprüngen beschleunigen einzelne Reiter die Pace bis zum äußersten.

Eigentümlich berührt es uns, aktive Offiziere im Programm nicht als solche, sondern lediglich mit ihren Namen aufgeführt zu sehen. Es entspricht das aber der republikanischen Auffassung, nach der auch die Offiziere in erster Linie Bürger sind. Deshalb reiten sie auch in allen für „Gentlemen" ausgeschriebenen Kon-kurrenzen im bürgerlichen Gewande, das heißt im roten Rock. Nur in besonders für „Offiziere" reservierten Konkurrenzen tragen sie die Uniform.

9*

Reichlich die Hälfte aller Gentlemen-Rider gehört der Armee an. Auch der schwedische Militärattaché Major de Linder war im Sattel. Viele Herren trugen die Abzeichen ihres Hunting-Klubs. Das Kontingent der Zivilherrenreiter stellte indessen fast ebensoviele und bedeutende Reiter wie die Offiziere. Vierjährige Pferde haben mindestens 65 kg, ältere mindestens 70 kg zu tragen. Häufig finden Springkonkurrenzen für nur französisch gezogene Pferde statt. Man sah durchweg vorzügliches Material. Neben Vollblütern zeigten sich viele Anglonormannen und Angloaraber, die gut sprangen, wenn die Leistungen auch nicht im entferntesten an die der Konkurrenzen für Pferde aller Länder grenzten. Es waren ferner

Vom Concours hippique in Pau.

auch reine Araber, Berber sowie Poleponies vertreten. Meistens herrschten allerdings Engländer und Iren vor. Man sah hier die Parcours-Pferde der allerersten Klasse. Die Leistung des Durchschnittes war ganz vorzüglich. Während z. B. in einer französischen Inländer-Konkurrenz 46 Pferde genannt waren undauch meistens gingen, waren für den „Prix de la Haye-Jousselin" nicht weniger als 104 Pferde im Programm aufgeführt, von denen ebenfalls fast alle am Start erschienen. Die genannte Konkurrenz, die den ganzen Nachmittag von 2 Uhr bis halb 7 ausfüllte, wurde von dem dichtgedrängten Publikum von Anfang bis zum Ende mit gespanntester Aufmerksamkeit verfolgt.

Die sonst so lebhaften Franzosen verhielten sich im allgemeinen fast blasiert still. Nur sehr selten wurde eine Glanzleistung mit Applaus begrüßt. Bei Pechfällen oder sonstigem Malheur dagegen bewahrte das Publikum eine wohltuende großstädtische Ruhe. Wie groß aber das Interesse der Pariser für sportliche Ereignisse ist, mag daraus hervorgehen, daß am gleichen Tage der genannten

Vom Concours hippique in Pau. Aufsprung auf den Wall.

bedeutenden Springprüfung draußen in Auteuil eine der wertvollsten Steeple chases des Landes, der Prix du Président de la République, gelaufen wurde und trotzdem beide Veranstaltungen bis auf den letzten Platz gefüllt waren. Der Eintritt kostet im Grand Palais gleichmäßig 5 Francs und man kann dann seinen Platz nach Belieben wählen, in den weiten Hallen promenieren oder die Pferde auf dem Sattelplatz besichtigen, der ebenfalls innerhalb der gedeckten Halle liegt. Der Prix de la Haye-Jousselin gehört nicht einmal zu den allergrößten Ereignissen; denn die Geldpreise von 1000 Francs für das erste, bis

100 Francs für das zwölfte Pferd sind nicht allzu hoch. Die
Hauptkonkurrenzen liegen später und finden Mitte April ihren
Höhepunkt. Man unterscheidet an verschiedenen Prüfungen
des Concours überhaupt: Examen des chevaux de classe,
Examen d'équitation pour jeunes gens de 16 à 21 ans. Chevaux
attelées seuls, Equipages de Maîtres, Chevaux de selle „Hacks",
dasselbe für „Hunters", Examen de dressage et de ménage,
Parcours de chasse (leichtere Sprünge), Defilée d'attelage à
quatre, Pesage et mensuration des chevaux de selle, Trotteurs,

Commandant Pondret beim Sprung über ein Torgatter (Provinzplatz).

Rémontes, Championat du cheval d'armes, Chevaux de trait
attelées, Primes d'appareillement, Parade des chevaux attelées
en paire primes dans les classes, Chevaux sautant par quatre
(officiers), Présentation d'éssaie des chevaux de selle de classes
a vendre, Primes d'honneur, Championat de saut en hauteur
(eine einzige Konkurrenz). Dazwischen viele Springkonkurrenzen.
Für Abwechslung ist also gesorgt. Bei einzelnen Spring=
konkurrenzen ist ein Handikap dadurch geschaffen, daß Pferde, die
für 1000 Francs verkäuflich sind, die geringste Höhe (1 m) springen,
während die für 2000, 4000 und 6000 Francs eingesetzten Pferde
entsprechend höhere und breitere Hindernisse (bis 1,30 m) zu nehmen
haben. Die ebenfalls ausgestellten Ehrenpreise, hauptsächlich für
die Offizierskonkurrenzen, waren ebenso reich wie geschmackvoll.

In der Arena selbst hielten sich während der Konkurrenz meist keine Preisrichter auf, die ihres Amtes von der Preisrichterloge aus walteten, sondern nur das zur eventuellen Bedienung der Hindernisse nötige Personal. Es waren je 12 bis 15 Sprünge zu nehmen. Die Mehrzahl der Sprünge war zweimal zu ab= solvieren. Am meisten interessierte mich der Doppelsprung von

Vom Concours hippique in Pau.

1,30 m, dessen Abstand nur 6 m betrug, ein äußerst respektables Hindernis, an dem ich sicher die Mehrzahl der Pferde scheitern zu sehen glaubte. Um so größer war dann mein Staunen und meine Bewunderung der darin steckenden Arbeit, als von über 90 Pferden gut die Hälfte glatt über das gefürchtete Hindernis kam. Die meisten Fehler wurden an relativ leichten Sprüngen gemacht, besonders an dem allerletzten, einem einfachen Rick. Eine besondere Schwierigkeit lag ferner in der Anordnung der einzelnen Sprünge zueinander. So kam man aus schräger Direktion gegen den Doppelsprung, einige andere Obstakels waren ziemlich nahe zusammengerückt und kaum 12 m hinter dem Absprung vom Wall stand schon wieder das nächste Hindernis. Wenige Pferde nur refüsierten oder blieben stehen. Es wurde teils auf Trense, teils auf Stangengebissen geritten. Zuweilen sah man heftige Puller mit Patentriemen an der Nase, die das Durchgehen hindern sollten. Viele Pferde trugen die Nase so hoch, wie Rostands philosophierender Singehahn Chanteclair, sprangen aber gut, meist auf scharfen englischen Kandaren. Ferner waren durch die Kandare geschlaufte Martingals, Sprungzügel (à la Poloponies) und ganz kurz geschnallte Martingals keine Seltenheit. Die Pferde sprangen aber dabei willig und gut. Die Preise für gute Springpferde sind enorm. Das persönliche Reiten der Herren war recht gut. Unter den Offizieren befand sich eine Anzahl hervorragender Hindernisreiter; wenn auch bei den Zivilisten teilweise ebenso vorzügliche Reiter waren.

M. Ricard auf Perce-Neige.

Unter den Offizieren fielen besonders günstig auf: de Lamartine, Bompard, de Seignère, Vicomte de Malherbe, Vicomte de Dampierre, Comte J. de Lastic-Saint-Jal, de Champsavin, Baron de Ladoucetta, Maillard, de Montregon, Maurice Cariou, Gailliard, Broudehoux, Flavigny und vor allem M. Falguière und Ed. Gautier. Von den Zivilherrenreitern zeichneten sich besonders aus: Comte de Vertrerèche de Menditte, H. de Royer, M. Ricard, A. Loevenstein, der einen schlimm aussehenden Sturz brillant aussaß, Pierre A. Crèpin, de Sère de Lanauze, M. C. Brunéta d'Uffeaux, Jonquerès d'Oriola, Leclerc, Roger, Oriard, de Juge=Montéspieu, Olivé und J. M. Brodin, ein ebenso passionierter wie hervorragender Reiter.

Hochinteressant war für mich auch der Besuch der Privat= hindernisbahn des Monsier Brodin zu Sainte=Jeanne, wo dieser Sportsmann mit seinem Sohne und später der international be= kannte Monsieur de Santa=Victoria mit Pferden arbeiteten. Auf

Lt. de Saint=Phalle †, Reitlehrer in Saumur,
Sieger im Championat du Cheval d'armes auf Marseille II.

der brillanten „Brown=Beß" dieses Besitzers war Capitaine Falguière in der kleidsamen Uniform der Chasseurs d'Afrique im Sattel. Die im Rahmen eines starken Vollblüters gemachte dunkelbraune Stute verscherzte sich leider am Nachmittag ihre guten Chancen durch einen ganz unnötigen Fehler am letzten

Sprung, wie so manche ihrer Konkurrenten. Gewonnen wurde
die Konkurrenz, soweit ich das noch feststellen konnte, von
M. Brodin, der nicht weniger als sechsmal in den Sattel ge-
stiegen war.

Wenn der kurze Besuch auch nur einen sehr flüchtigen
Einblick in jene Verhältnisse gestatten konnte, so genügte er doch,
zu beweisen, daß wir in mehr als einer Beziehung von dort
noch etwas lernen können.

Der Internationale Concours hippique von Brüssel 1910.

Ein äußerst anziehendes Bild. Die weite Halle des Cintquantenaire-Palastes bis auf den letzten Platz gefüllt mit eleganter Welt. Der Blumenflor in der Bahn ist womöglich noch glänzender als im Pariser Grand Palais. Französische Küraffier-Offiziere, schwedische Leibgarde-Dragoner, holländische Husaren, portugiesische und englische, amerikanische und belgische Offiziere flirten um die Wette mit schönen Evatöchtern aller Länder. Auch deutsche Offiziere, allerdings in Zivil, sind vertreten, um Studien und daheim Stimmung für das Gesehene zu machen. Hoffentlich ist die Zeit nicht mehr fern, wo die größte Armee der Welt auch hier aktiv vertreten ist. Den Offiziers-Prüfungen ging der Preis der Nationen voran. Je drei ausgewählte Offiziere von jedem Lande werden hier als Ganzes bewertet. Die Fehler, zusammengezählt, ergeben die Plazierung in dieser Springkonkurrenz. Es sind hier zu springen ein Doppelsprung, bestehend aus 1. zwei naturhölzernen Ricks vor und hinter einer Tannenhecke (etwa einen Meter dick), und 2. einem senkrechten Koppelrick von vier weißen Querbalken. Ein zweiter Doppelsprung besteht aus einer weißen Rickhecke und

Lt. Baron E. de Bloemmaert
(1. Guides, Lehrer an der
belgischen Reitschule.

einem braunen Rick. Rickhecken, Barrieren, Gatter, Hecke und Graben vervollständigen die Hindernisse. Die obersten Balken sind lose. Lose Latten zum Abstreifen gibt es hier nicht. Es wird im ganzen recht gut gesprungen. Wenige Pferde machen Fehler, kaum eins bricht aus. Noch vor wenigen Jahren trugen die Franzosen alle Preise davon. Heute haben die Belgier gelernt. Sie schlagen die Franzosen, und die ungehemmte nationale Begeisterung der Massen kennt keine Grenzen. Die Sieger durchziehen unter Hymnenklängen die Arena. Auch der technische Betrieb klappt aufs exakteste. Alles vollzieht sich glatt, geräuschlos und einwandfrei. Ordonnanzen übergeben die Richterzettel an dem in der Richterloge befindlichen grünen Tisch, und schnell ist das Resultat errechnet und festgestellt.

Die Hindernisse sind mit langen, sprunggartenartigen Heckenfängen versehen, so daß die Hindernisbahn klare Gassen zwischen den von buntem Sand umgebenen Blumenbosketts und Beeten bildet. Es geht zweimal an der Wand entlang und einmal durch die Länge der Bahn.

Die Schweden, die sämtlich im Lande gezogene Pferde reiten, erreichen den dritten Preis. Portugiesen und Holländer teilen sich in den Rest der Preise.

Es folgt eine Hochsprung-Konkurrenz. Ein riesiges Gestell wird hineingetragen. Die über die hohe schräge Hürde aufgelegten Stangen sind elastisch (Bambusröhren mit geweißtem Strohbast umwickelt) und federn, wenn ein Pferd einmal anschlägt. Geringe Fehler schaden hier also nichts. Die Landungsstelle ist hoch mit weißem Seesand aufgeschüttet. Mit 1,60 m beginnt das Springen. Leutnant Brudhour springt mit Heroïde 2,10 m und siegt. Er gehört demselben Regiment, den 5. Dragonern in Compiègne an, die schon so viele Sieger in sportlichen Konkurrenzen gestellt haben. (Bausiel, Champsavin, Deremetz.) Das Reiten der französischen Offiziere ist überhaupt über alles Lob erhaben gut. —

Sonnabend und Sonntag vormittag begannen vor einem kleinen Zuschauerkreise in der Kriegsschul-Reitbahn die Vorprüfungen zum Internationalen Championat des Offiziers-Pferdes, jener vielseitigen und interessanten Prüfung, die zu gewinnen, mit Recht das Streben so vieler Reiter-Offiziere bildet. Es lohnt sich, gerade auf die Dressur-Prüfung etwas näher einzugehen.

Vom Concours hippique in Brüssel.

Auffahrt des Königlichen Hofs mit Guideneskorte in die „Hall du Cinquantenaire".

Wer der Annahme war, daß die in der Proposition vor=
gesehenen, teilweise der hohen Schule entnommenen Anforderungen
lediglich einer genaueren Unterscheidung halber aufgenommen seien,
in Wirklichkeit aber wohl selten gezeigt werden würden, hatte sich
gründlich getäuscht. Noch mehr wohl auch der, der sich unter
einer Dressur=Prüfung etwas anderes vorgestellt hatte, das
unseren deutschen oder österreichischen Reit=Konkurrenzen im ent=
ferntesten ähnlich sah. Hier herrschten ganz andere Ansichten,
wurden von den unseren weit verschiedene Anforderungen gestellt.
Durchweg wird seitwärts vom Hufschlag geritten. Ein Ecken=
passieren in unserem Sinne kennt man nicht. Allerhand Figuren
und Lektionen, auf deren korrekte Ausführung der allergrößte
Wert gelegt wird, und die nichts weniger als leicht sind, dienen
der Dressurprüfung zum Rahmen. Man verlangt zu Anfang
und zum Schluß Schritt mit fast auf den Hals gelegten Zügeln.

Es folgen einige Lektionen im abwechselnd versammelten
und freien Trabe, teils im Leichttraben mit Fußwechsel. Ein
eigentlicher langer Mitteltrab, das Kriterium unserer ganzen
Reiterei, wird hier weder verlangt noch bewertet. Im Galopp
sind ebenfalls die verschiedensten Figuren zu beschreiben. Hier
wird der größte Wert auf korrekte Luftchangements gelegt, die
auch durchwegs vorzüglich ausgeführt wurden. Springen, etwa
über eine Gehorsamshürde wird hier nicht verlangt. Uns Deutsche
mutet zunächst die Art des Sitzes und der Zügelführung, die hier
beliebt wird, eigenartig an. Man verlangt hier sehr lange Zügel,
die meist nicht zum Anstehen kommen. Die Fäuste werden ver=
schieden hoch getragen, aber stets dicht am Leibe. Auf korrekte
Stellung, auch des Pferdehalses usw., Reiten auf gerader Linie,
Kopfhaltung usw. wird anscheinend nicht der geringste Wert
gelegt. Der Sitz mit ziemlich langem Bügel ist in der Mittel=
positur besonders weich und geschmeidig. Die Schenkel liegen
gut am Pferde, indessen der Reiter mit allen Gelenken auffallend
die Bewegungen des Pferdes mitmacht, nach unseren Begriffen
also etwas unruhig reitet. Indessen ist diese Art zu reiten, durch=
aus nicht so leicht, wie sie wohl anfänglich scheinen mag. Man
verlangt hier eben ein außergewöhnliches Maß von Selbsthaltung,
von Sichselbsttragen des Pferdes, dem vom Reiter die entsprechende

Zügelfreiheit eingeräumt werden muß. Nirgends sieht man infolgedessen festgezogene oder überzäumte Hälse, nirgends aus einem gespannten Rücken kommende Tritte; nie fast auch auf die Vorhand gerichtete Pferde. Die Rückenlinien federn, ohne zu sehr aufgewölbt zu sein. Etwas mehr „Am-Zügel-Stehen" würde dem Ganzen mehr Versammlung, ruhigere Tritte und damit mehr Einwirkung auf das Pferd verleihen. Indessen wurden hier recht ansprechende Leistungen gezeigt, die besonders in den schwierigen Galopppchangements zum Ausdruck kamen. Es ist dies anscheinend die moderne reiterliche Richtung, die sich, von Saumur ausgehend, über die gesamte romanische Welt verbreitet hat. Falls deutsche Offiziere jemals hier mitkonkurrieren sollten, müßten sie sich ein wenig dieser Richtung anpassen. Manches, worauf wir den größten Wert zu legen gewohnt sind, wird hier gar nicht angesehen, womöglich ungünstig beurteilt und umgekehrt. Hervorragende Reiter gibt es überall. Der darunterstehende Durchschnitt wird jedenfalls in der französisch-belgischen Manier nicht so leicht dazu kommen, mit seinem Pferde festzusitzen, als wenn er, wie es in unserer Manier häufig geschieht, sein Pferd mehr als es gut ist, beizäumt.

Anzug nach der Military International auf der Rennbahn zu Boitsfort bei Brüssel.

Es ist keine Frage, daß das hier geltende Schlagwort: „Beaucoup de liberté", auf die Zügelführung angewendet, beim Springen weitaus günstigere Resultate erzielt, als ein Am-Zügel-Springenwollen, wie der Steeple-Chase-Reiter es gewohnt ist. Die Pferde galoppieren in hoher Aufrichtung ganz anders aus der Hinterhand, und man kann unschwer beobachten, wie die Reiter zwischen den einzelnen Sprüngen durch teilweise recht aktives Aufrichten und gleichzeitiges Vortreiben mit Sitz und Schenkeln ihre Pferde noch einmal auf die Hanken setzen. Man muß sich nur erst etwas an den Anblick hoher Hälse und Nasen gewöhnt haben, um diese Art von Reiterei, die so sehr von der unseren abweicht, zu verstehen. Es sind die reiterlichen Anschauungen des bekannten französischen Generals Lhotte, die er in seinen Werken „Un Officier de Cavalerie" und „Questions-equestres" niedergelegt hat, auf welche man in der romanischen Reiterwelt geradezu schwört. Ein Wiederaufleben der ziemlich unbekannten Baucherschen Lehren der letzten Lebensjahre jenes größten aller Reitmeister, in denen er sich zur Aufrichtung des Halses bekehrt, ins Moderne übertragen. Auch die mehr im deutschen Sinne reitenden Schweden wußten sich in Brüssel gewandt dem dort herrschenden Geist etwas zu akkommodieren. Besonders glücklich gelang dies im Sprung dem Leutnant Sundelius, der in meisterhafter Weise die beiden Prinzipien zu vereinigen wußte. Beim Schulreiten fiel der in Hannover kommandiert gewesene Leutnant v. Horn (schwedische Leibgarde-Dragoner) durch die Ausgeglichenheit und Korrektheit seines Sitzes allgemein angenehm auf.

Hervorheben möchte ich noch, daß auch bei den Springprüfungen der Sitz der Mittelpositur im Durchschnitt recht weich und mitgehend war, dabei aber durchaus nichts an Karikaturen von der Rennbahn Erinnerndes hatte. Nie sah man bei der Reitprüfung ein Pferd zum Beispiel falsch oder hinten gar nicht changieren. Kein einziger Reiter war steif. Ich bin überzeugt, daß wenn man in dieser Art gearbeitete Pferde bei der Dressur ein wenig mehr im Genick einstellt, wie dies auch bei einigen besonders veranlagten Reitern zu sehen war (zum Beispiel dem holländischen Leutnant Knecl), das Resultat, auch was Gehorsam und Versammeltsein anbelangt, ein ganz hervorragendes sein muß.

Die Dauer der Einzelprüfung in der Bahn, die gegen unsere Abteilungsvorführungen sehr vieles für sich hat, ist auf genau 10 Minuten berechnet. Wer länger dazu brauchte, erhielt Fehler berechnet.

Tags darauf folgte die zweite Prüfung der Pferde für das Championat. Es waren in 100 Minuten 32 km auf Reitwegen zurückzulegen, in deren Mitte und an deren Ende eine Jagdsprungbahn in der Halle zu durchlaufen war. Die Hochhindernisse waren höchstens 1,10 m hoch und bestanden in 1. einer Rickhecke (weiße Balken); 2. einer ebensolchen mit braunen Naturbalken; 3. einem Naturkoppelrick; 4. einem kleinen Wall mit Absprunggraben (leicht); 5. einer grünen Wallhecke (Gras

Tor in Spa.

wall) mit niedrigem braunen Koppelrick darauf; 6. einer ginsterdurchsetzten Tannenhecke; 7. einer ebensolchen Hecke; 8. einem Rick mit Hecke dahinter, und 9. dem großen Graben in der Mitte. Hier war der 500 Schritt-Galopp obligatorisch und wurde nach der Stoppuhr bemessen. Zu gröberen Hindernissen wurde eine einheitliche Zeit logischerweise nicht bewertet, da man hier mehr Versammlung und Sichaufnehmen braucht. Andererseits wird das schnelle Springen über leichte Steeple-Chase-Hindernisse, wie wir sehen werden, in einer weiteren Prüfung im fast 700 Schritt-Galopp Minimum verlangt. Alles also zu seiner Zeit und am richtigen Platz, alles wohldurchdacht und kein dilettantenhaftes Durcheinanderwerfen von verschiedenen Dingen, die nichts miteinander gemein haben. Die Erfahrung haben die Arrangeure für sich, und man darf wohl mit Recht diese Art der Zeitbemeſſung als zweckentſprechend und richtig anſehen. Es wurde durchwegs ohne Fehler geſprungen. Nur etwa zwei vom Hundert brachen — meiſt am Graben — aus. Als Fehler wurden hier nur Umwerfen des Hinderniſſes mit der Vorhand, Stehenbleiben, Ausbrechen oder Fallen berechnet.

Es waren jedesmal vor und nach dem Hauptſpringen (zum Schluß war nur noch einmal der Graben und eine Tannenhecke zu nehmen) alſo 16 km zurückzulegen, die — wenn man zum Springen und Erholen jedesmal etwa 10 Minuten rechnen will — in rund 40 Minuten Galopp, das heißt im rund 2½ Minutentempo per Kilometer (= 500 Schrittgalopp!) zurück-zulegen waren, in deren Mitte die meiſten Reiter einige Minuten im kurzen Trabe neben ihren Pferden herliefen. Immerhin eine recht anſtändige Leiſtung, zumal es dabei zum Teil durch die Stadt ging und die Pferde an vorbeifahrenden Autos uſw. willig vorbeigehen mußten. Die Kondition der Pferde nach dem Ritt war durchſchnittlich recht gut. Einige der Tiere hatten troß der großen Hiße des Nachmittages kaum ein naſſes Haar, das beſte Zeichen eines ſorgfältigen und verſtändnisvollen Trainings. Be-ſonders die Pferde der ſchwediſchen Herren, ſämtlich auch in Schweden gezogen, hatten, das nordiſche kühle Klima gewöhnt, nach der langen anſtrengenden Reiſe viel unter der drückenden Schwüle zu leiden. Das Mindeſtgewicht war hier 80 Kilo. Alle Offiziere hatten feldmarſchmäßig und mit allen Waffen zu reiten. Intereſſant war es hier, das Adjuſtement der verſchiedenen Armeen zu ſtudieren. Überall konnte man etwas Praktiſches lernen. Hier eine Säbelbefeſtigung, dort eine Anſchnallart für den Revolver, hier ein praktiſches Halfter, dort eine einfache, hübſche und praktiſche Schnallenvorrichtung. Vorderzeug iſt bei den meiſten Nationen nicht obligatoriſch.

Die meiſten Offiziere ritten hier eine Art Bockpritſche mit Hinterzwieſel für den Mantel, der für den Feldgebrauch geeigneter erſcheint, als der einfache engliſche Sattel.

Die dritte, und nach Anſicht gerade derjenigen Herren aller Nationen, die nicht zum erſtenmal dieſe Konkurrenz mitmachen, ſchwerſte Prüfung folgte am 3. Tage, alſo nach einem Ruhe-tage. Es waren hier vormittags 50 km in 4 Stunden, teils auf der Straße, teils im Terrain, der Kilometer demnach in 4½ Minuten zurückzulegen. Nach Ankunft am Cinquantenaire wurden die Pferde an der Hand vorgemustert und nötigenfalls ausgeschieden. Es folgten 3 bis 3½ Stunden für Pflege, Futter und Ruhe, wovon noch die weiten Wege abgehen, dann am gleichen Nachmittag auf der idyllisch im Grün des Bois de la Cambre gelegenen Rennbahn von Boits-Fort das Einzelgehen

Vom Concours hippique in Spa.

über die Steeple-Chase-Bahn von 4000 m im flotten 700 Schritt-Galopp (nach der Uhr bemessen). Die Hindernisse hier sind nicht schwer, immerhin keineswegs Farce. Sie sind breit und fest in der Basis, zum Wischen; der Graben hat 4 m Breite und die Mauer 1 m Höhe. Eine 1,80 m hohe Wischhürde müssen die Pferde kennen, um vor diesem sonst ungewohnten Anblick nicht zu stutzen. (Bullfinch.)

Bei dem Geländeritt wurde durchwegs nach den französischen Raiderfahrungen geritten: Galopp, kurzer Trab, Halt! Das sind die Gangarten, in denen die Pferde am wenigsten angestrengt

werden. Die Straßen waren teilweise gepflastert. Im Gelände
waren außer einer 1,30 m hohen und breiten steifen Hecke nur
einige nicht zu hohe Koppelricks zu springen. Gräben kamen hier
überhaupt nicht vor. Es wurde von den meisten Teilnehmern
viel galoppiert. Der Ritt passierte fünf Kontrollstationen, auf
denen teilweise Schmiede, teilweise Veterinäroffiziere zur Verfügung standen. Die Strecke führte über Quatre Bras—Groenen-
dael—Belle-Alliance—Waterloo, also historischen, blutgetränkten
Boden. Bei Ankunft am Cinquantenaire fand eine Vorprüfung
und Musterung an der Hand statt, wobei lahme, gedrückte oder
sonst verletzte oder ermattete Pferde ausgeschieden werden konnten.
Nach wenigen Stunden der Ruhe bedeutete die nun am Nachmittag folgende Einzel-Steeple-Chase trotz des an diesem Tage
herrschenden günstigeren, kühleren Wetters eine enorme An-
strengung für die Kräfte des Pferdes.

Hier begannen schon merkliche Unterschiede zutage zu treten.
Auch die Kondition einzelner Pferde ließ nach. Nicht alle vermögen mehr das 550 m-Tempo über diesen weiten Weg einzuhalten. Immerhin aber überschreitet der Durchschnitt sogar noch
dieses Tempo, und man sieht einige Pferde im flottesten Steeple-
Chase-Tempo über die Bahn ziehen. Der Sitz der Reiter ist
im allgemeinen gut und leicht, wenn auch einzelne die Routine
des Rennreitens vermissen lassen. In den Zwischenpausen konnte
man hier dem Polospiel zusehen, während zum Schluß noch Jagdpferde auf der Rennbahn geprüft wurden.

Der 4. Tag ist der wohlverdienten Ruhe der Pferde gewidmet. Jedenfalls ist bei dieser Art der Ausschreibung die
Chance für alle gleich, für einheimische sowohl als für fremde.
Beim Geländeritt sind die Wege einfach und klar bezeichnet und
nicht zu verfehlen. Man ist hier der durchaus richtigen Ansicht,
daß diese Prüfung rein reiterlicher Natur und kein Orientierungs-
examen sein soll, bei dem ein sonst chancenvolles Pferd von weit
her wegen Nichtfindens des Kontrollpostens usw. disqualifiziert
werden kann.

Am 5. Tage endlich folgte die vierte und letzte Hauptprüfung.
Es ist dies eine Jagd-Hindernis-Spring-Konkurrenz mit besonderen
Schwierigkeiten, die das Gerittensein und den Gehorsam der

Pferde bestätigen sollen. Die Hindernisse sind höchstens 1,15 m hoch. Die Zeit wird auch hier gemessen und kann eventl. für die Plazierung in Betracht kommen.

Die Bahn führte oft schräg und auf Diagonalen gegen schmale, aber mit kurzen Fängen versehene Hindernisse. Vor einer Hürde mußten die Pferde kurz angehalten werden und wenden. Es waren 12 Hindernisse mit im ganzen 15 Sprüngen zu nehmen. Die Hindernisse und Fänge waren mit Blumen=

Vom Concours hippique in Spa.

gerank wiederum auf das anmutigste geschmückt. Überschreiten der Zeit kostete den Pferden pro Sekunde ¼ Punkt Fehler, während sie pro Sekunde 0,05 Punkte gutgeschrieben erhielten, wenn sie die Hindernisbahn schneller überwanden.

Bei einzelnen Pferden zeigte sich hier, daß sie nicht ge= nügend im Gehorsam und in der Hand des Reiters waren. Die Hindernisse waren im allgemeinen nicht so schwer, wie die beim letzten Geländeritt in Hannover. Der hannoversche Wall mit 3 m Graben beim Absprung, der aus Brüssel stammen soll, wird hier keineswegs goutiert. Man ist im Gegenteil der Ansicht, daß er den Pferden zu sehr auf die Beine gehen soll, daher wenig fair ist.

Berechnet werden als Fehler: Verreiten, zu langsames Reiten, Umwerfen der Hindernisse, vorn oder hinten, Ausbrechen, Stehenbleiben oder Stürze.

Es werden im ganzen bewertet:

1. Dressurfprung . . . . . . 15 Prozent
2. 32 km=Ritt mit Sprüngen . . 25 „
3. 50 km=Ritt mit Steeple=Chase . 30 „
4. Springkonkurrenz mit . . . . 30 „

Zusammen 100 Prozent

In dieser Konkurrenz werden allein für 18000 Franks Preise vergeben, in der Hauptsache als Ehrenpreise, nur die ersten zehn Pferde erhalten je 300 Franks. Außerdem kommen alle möglichen Reiseerleichterungen hinzu.

Auffallend war noch, wie gut die meisten Reiter die Schenkel heranhalten. Die Sprungbahn war 970 m lang und in 2 Minuten 15 Sekunden zu überwinden. Das Tempo der letzten Prüfung war also wieder recht flott. Manche Konkurrenten vermochten es nicht einzuhalten. Einige Pferde brachen aus, beziehungsweise blieben stehen und schieden deshalb aus der Konkurrenz. Die Siegerin Clonmore, eine braune dreiviertelblütige Südirländerin, im Rahmen eines Steeplers der älteren Zeit, war rossig, keilte nach dem Sporn und drehte fortwährend mit der unkupierten Schweifrübe. Trotzdem wurde sie von ihrem Besitzer Leutnant Baron de Bloemmaert meisterhaft vorgeritten. Diese Art hoch im Blut stehender Halbblüter scheint das beste und geeignetste Offizierspferd zu sein. Ihm gehört jedenfalls die Zukunft. Der Sieg des Leutnants Baron de Bloemmaert (1. Guides) berührte ungemein sympathisch. Auch den zweiten Platz nahm Belgien ein (Leutnant Méeus, 2. Guides). Vorzügliche Leistungen boten hier auch der schwedische Rittmeister Stroem sowie der französische Kürassierleutnant d'Aftafort. Die Begeisterung war grenzenlos, als der belgische Guidenoffizier, zurzeit Lehrer an der Reitschule von Ypern, in die Königsloge gerufen wurde, um die Glückwünsche seines Souveräns entgegenzunehmen. Es folgte ein Defilieren aller Teilnehmer und schließlich der imposante Zug des königlichen Hofes in vier Daumont=Gespannen, begleitet von einer Guiden=

Eskorteeskadron mit Standarte, die in der Bahn Parade-
aufstellung genommen hatte. Ein packender Moment!

Die Große internationale Offiziers-Steeple auf der Rennbahn von Boits-Forts fiel an einen belgischen Offizier, Leutnant
Reyntiens. Sousleutnant Chevalier Selliers de Moranville, ein
noch junger, aber talentierter Rennreiter, absolvierte hier einen
guten Ritt. Interessant war in dem Nationalen Chargenpferd-
rennen zu beobachten, wie gut und schnell Irländer die Bahn zu
überwinden vermochten.

Der Umstand, daß alle Hauptkonkurrenzen an Belgien fielen
und die sonst hier sieggewohnten Franzosen sich diesmal mit der
Hochspring-Konkurrenz begnügen mußten, gibt zu denken und
beweist, wie sehr die gastlichen belgischen Offiziere von ihren
früheren Überwindern zu lernen gewußt haben. Noch vor fünf
Jahren vermochten sie nicht gegen die Franzosen aufzutreten.
Heute hat es die kleine belgische Armee dank des vorbildlichen
Fleißes und der enormen Passion ihrer Reiteroffiziere erreicht,
einen allererersten Platz in den internationalen reiterlichen Turnieren
einzunehmen. Aber auch der innere Wert für Offizierkorps und
Truppe bleibt nicht aus. Der Maßstab für reiterliche Leistung

ift gegen früher ein ganz anderer geworden und die Paſſion zur
Sache wirft ſegenbringende Schlaglichter auf die Ausbildung von
Reiter und Pferd.

Es unterliegt keinem Zweifel, daß jede andere Nation, die
die Belgier in Zukunft in ihrem eigenen Lande ſchlagen oder
auch nur mit Ehren dort beſtehen will, ihr beſtes Material an
Reitern und Pferden wird aufbieten müſſen und dazu genug zu
tun haben wird, ſich den hier herrſchenden Anſichten und Anforderungen nach Möglichkeit anzupaſſen.

Von der Olympia=Horse=Show.

Die Halle Londons ist weit kleiner als diejenige von Paris und Brüssel. Scharfe Paraden und Wendungen sind notwendig, um die Richtung zu wechseln. Der amphitheatralisch gebaute Zuschauerraum faßt über 10000 Menschen. Das Arrangement und die Szenerie sind feenhaft. Über dem blütenprangenden Park von Lowther Castle wölbt sich der blaue Himmel. Earl of Lonsdales Schloß erscheint auf der Kulisse nachgebildet, und jeder Strauch, jede Säule entspricht dem herrlichen Landsitz des Freundes des deutschen Kaisers. Dieser gastliche Lord ist der Vater und die Seele des Ganzen. Alles ist sein Werk. Mit außergewöhnlicher Tatkraft, fabelhafter Unermüdlichkeit und einem wunderbaren Verständnis leitet dieser größte Pferdemann Englands die großzügigste sportliche Veranstaltung der Welt. Über 100 verschiedene Klassen werden prämiiert: Vom Geschäftswagenpferd bis zum Hochspringer.

Die Prüfungen beginnen morgens frühzeitig und werden mit geringen Pausen über den Nachmittag bis spät in die Nacht fortgesetzt. Zu jeder Tageszeit sind die Plätze gefüllt, ist das Interesse des sportverständigen Publikums der Millionenstadt von neuem auf das großartige Schauspiel vereinigt, das sich hier entrollt. Die Einnahmen sind enorm. Allein das äußere Arrangement, die Ausstellungen in den Wandelhallen, die Stallungen, die Restaurants, die elegante hier versammelte Welt ist es wert, hinzugehen. Die Blumenarrangements kosten allein eine Viertelmillion Mark. Obwohl in diesem Jahre die nationale Trauer Großbritanniens dem Besuch manche Schranken auferlegt, sind des Abends besonders alle Plätze dicht gefüllt. Die sportliche Beteiligung ist hervorragend. Elektrische Glühbirnen zeigen die Nummern des Programms an, und ein hohes Doppeltor läßt die Konkurrenten auf Coach=Hornsignal hin die Bahn betreten.

Was die Reitkonkurrenzen, die aber mehr oder weniger als Qualitätsprüfungen anzusprechen sind, anbelangt, so kommt es

„Officer's Charger-Competition" zu Olympia.
(Die Preisrichter, Lord Lonsdale und Baron Holzing, besteigen Charger.)

hier zu allererst auf die richtige Klassifizierung des Materials an. Man unterscheidet größere und kleinere Sorten schwererer

Auffahrt des Hofes bei der Richmond Horse-Show.

und leichterer Hunter, man teilt die Reitpferde in Park- und
Covert Hacks ein, von denen die ersten den Typ des eleganten,
durchgerittenen, auch im Trabe besonders auffallenden Parade-
Pferdes leichteren Schlages darstellen, während der den Jagdreiter
zum Meet bringende Covert Hack mehr ein längeres Galopp-
Pferd sein soll. In der Spezialisierung des Materials ist der
Engländer groß, bietet doch kein Land der Welt eine größere und
reichhaltigere Auswahl an Pferden. Riding-Horses sind wiederum
etwas größer und schöner, müssen aber ebenfalls gehuntert sein.
Von ihnen wird wieder mehr Dressur verlangt. Überhaupt gibt
sie eine bedeutende Nummer in der Beurteilung. In Haltung
gehende, gutgesetzte Pferde spielen in allen Klassen eine geradezu
dominierende Rolle, ein guter Hinweis gerade für unsere Offiziere,
hier ihr vorzügliches Material mit Erfolg zu zeigen. Schwerere
Tiere jeder Größe, Cobs und Ponies vervollständigen die Einteilung, die auch nach dem Gewicht (nebst der Größe) geht, das
die Pferde während eines langen Jagdtages tragen sollen. Eine
große und ausgesuchte Vertretung unserer Offiziere in diesen
Konkurrenzen und in der besonderen Klasse der „Chargers" wäre
hier außerordentlich wünschenswert und aussichtsvoll. Das Preis-
richten geschieht nach Eindruck und Besprechung der betreffenden
Preisrichter, die sich auch auf die Pferde setzen, um das Gefühl
darauf selbst zu prüfen. Die Jury arbeitet ohne alles Schema,
gänzlich nach freiem Ermessen. Die Preisrichter sind meist jung,
immer aber hervorragende Sachkenner in ihren Spezialklassen.
Zum ersten Male waltete diesmal ein deutscher Preisrichter seines
Amtes. Major Max Freiherr von Holzing-Berstett, Flügel-
adjutant Sr. Majestät des Kaisers, gab selbst, sich zuweilen auf
eins oder das andere der zu prämiierenden Pferde setzend, Zeugnis
von seinem glänzenden reiterlichen Takt, mit dem er sich sofort
in jedes der teilweise wenig gerittenen Pferde zu finden wußte,
so daß seinem hohen Können allseitige Anerkennung sogar von
dem seiner Kunst lauten Beifall spendenden Publikum ward.

Ebenso wie das Preisrichteramt vollzog sich auch der technische Betrieb auf das glatteste. Die Hindernisse wurden von
mehreren Viererzügen mit Vorreitern hereingefahren, im Nu auf-
gestellt oder abgebaut. Messenger-Boys überbrachten die Richter-

Hindernis-Anlage in Olympia.

zettel nach jeder Einzelnummer an das Büro. Glockenzeichen
und Coach-Hornsignale regelten den Eintritt und das Verlassen
der Arena.

Die Springkonkurrenzen waren enorm besetzt. Auch qualitativ
wurde oft Hervorragendes geboten. — Die Hindernisse waren
äußerst fair gebaut und fielen leicht, vielleicht allzuleicht um. Die
oberen Latten waren lose zum Abstreifen aufgelegt. Die Höhe
der Sprünge war beträchtlich und bot mit dem schwierigen, scharf-
eckigen Kurs außerordentliche Schwierigkeiten für nicht enorm
geschultes Material. Es waren indessen auch ganz außerordentliche Springer darunter. Ganz fehlerlos überwanden nur sehr
wenige Pferde den Kurs. Die Höhe der Hindernisse schwankte
zwischen 1,20 und 1,50 m. Die Bahn war in maximum 2 Minuten
zu absolvieren. Bessere Zeit rechnete nicht. 8 Sprünge waren
(davon vier 2 mal) zu springen.

Englands und Irlands hervorragendste Hunter wetteiferten
hier mit den ausgezeichneten französischen Pferden und Vollblütern.
Auch Ponies sprangen teilweise hervorragend. Schweres und
leichtes Material aller Arten trat hier in die Schranken. Die
britischen Offiziere ritten mit außerordentlich viel Schneid über
die hohen Hindernisse. Von Schweden bemerkte man den Pariser
Militärattaché, Major de Linder, eine sehr gute und elegante
Gestalt im Sattel. Amerika war stark und gut vertreten. Die
Amerikaner zeichneten sich durch schnelle Pace und routiniert
vornübergebeugten Sitz bei kurzen Bügeln aus. Belgien hatte
seine bekannten vorzüglichen Reiter und Pferde entsandt. Ihr
Stil zu reiten, fällt ganz mit demjenigen der Franzosen zusammen,
dem ein Wort gewidmet werden muß.

Man kann nicht leugnen, daß die Schule von Saumur
Meisterin auf diesem schwierigen Gebiet ist. Die Finessen und
das Verständnis für die Individualität des Pferdes beim Springen
sind bewunderungswürdig. Das geschulte Auge erkennt bald,
wie sehr der Sitz und vor allem die Führung der nicht nach diesen
Prinzipien springenden Reiter die Pferde am Springen behindert
und Fehler hervorruft oder mindestens begünstigt. Fast jeder
Fehler eines genügend eingesprungenen und gearbeiteten Pferdes
läßt sich aus dem Sitz des Reiters ableiten. Springen, und vor

Rundgang mit Verkaufsständen in Olympia.

allem das Trainieren der Pferde dazu ist eine äußerst schwierige Kunst. Es werden Jahre vergehen, bis andere Nationen die romanische Schule darin erreicht haben werden.

Auch diese Schule unterscheidet zwei Manieren, die sich zum Teil auch der Figur und der besonderen Veranlagung, sei es des Reiters, sei es des Pferdes, anpaßt. Beide Manieren gipfeln

in scharfer Richtung auf die Hinterhand zwischen den Sprüngen, erreicht durch oft scharfe Arrêts und Belastung der Hinterhand bei entsprechendem Vortreiben im entscheidenden Moment des Anlaufs und ferner völliger Zügelfreiheit oder vielmehr Unbehinderung im Sprung selbst. Die eine Manier weicht nur im Sitz des Reiters ab,

Stallgasse in Olympia.

der amerikanisierend mit weit am Halse vorgeschobenen Händen weich am Pferde bleibt, während die akademische Manier ein weit vorgeschobenes Gesäß, gut geschlossene Schenkel bei ebensolcher Weichheit und Zügelfreiheit im Moment des Sprunges kennt. Kein Reiter sitzt im Sprung steif. Völliges Unbehindertlassen des Halses und Maules des Pferdes und Leichtmachen im Sattel, Entlastung der Niere sind die Regel. Das

Heranreiten geschieht mit treibendem Kreuz und Schenkel, hohen, gut an den Leib herangenommenen Fäusten und hochgerichtetem Pferdehals. Wenig „absolute" Rückenaufwölbung vor dem Sprung scheint die Gleichgewichtsverteilung des Sprungpferdes wesentlich zu begünstigen. Die Schnelligkeit wechselt. Zwischen

Pony-Stall in Olympia.

den Sprüngen und in scharfen Ecken mindert sich die Schnellig= keit zugunsten der Versammlung. Das Tempo richtet sich aber ganz nach den Fähigkeiten und Anlagen des Pferdes. Immer wird das Pferd vor dem Sprung erst scharf auf die Hinter= hand gerichtet, um nur einige Längen vorher Freiheit in Tempo und Hals zum Sprung zu erhalten. Alle Pferde springen so willig und gut.

Es ist dabei ein großer, weitverbreiteter Irrtum, anzunehmen, daß die äußere Form dieses Reitens mangelhaft und unschön sei. Im Gegenteil können die aufrechten Reitergestalten, die tief im Sattel sitzen, die Schenkel fest am Pferde haben und jede Störung des Pferdes im Sprung durch weichen Sitz und eine wunderbare Nachgiebigkeit des Zügels vermeiden, auch dem deutschen Auge nur musterhaft erscheinen. Unsachgemäße oder gar rohe Peitschen-hülfen sieht man fast nie. Was die Klasse des gerittenen Materials an-betrifft, so er-hebt sie sich nicht einmal über einen mitt-leren Durch-schnitt. Pferde, die aus dem Stande der Regimenter um etwa 1000 Franks ent-nommen wa-ren, entpuppen sich hier — nach oft allerdings jahrelanger Spezial-schulung — als so hervor-

Die große Mittelloge in Olympia
(Sitze der fremdländischen Offiziere und Herrenreiter).

ragende Springer, daß ihre Preise dann oft um das Zehn- bis Zwanzigfache steigen. So ist „z. B. „Héroide", die in Brüssel über 2,10 m sprang, ein gewöhnlicher Charger und ebenso stammt der berühmte „Pouff", für den jetzt ein Gebot von 25000 Franks ausgeschlagen wurde, aus einem italienischen Remontedepot. Die Schulung zum Spezialfach des Springens wird aber auch in

Italien, Frankreich und Belgien systematisch betrieben. Dieser wichtige Dienstzweig ist dort nicht nur dem sportlichen Unternehmungsgeist des Einzelnen überlassen, sondern wird auch dienstlich betrieben und in jeder Weise gefördert.

Auffallend war beim Springen, wie gerade die besten schulreiterlich vorgebildeten Herren gewannen. Ihr bei der Dressurreiterei erworbener Takt, ihre Harmonie mit dem Pferde, kam ihnen hier ganz besonders zu statten. Nicht Zufall, sondern reelle Arbeit und fehlerloser Sitz entscheidet die Springkonkurrenzen. Einen an amerikanische Jockeys gemahnenden Sitz bekam man hier nicht zu sehen, und einer oder der andere Amerikaner, der in diesem unschönen Stil reiten wollte, verfiel bald der Heiterkeit des Publikums. Daß dieser Sitz nicht nur unnötig, sondern durch einen schulmäßigeren übertroffen wird, beweist am evidentesten die Springschule von Saumur. Da ist keine Steifigkeit im Sitz, keine falsche Belastung der Hinterhand im gegebenen Moment, und doch ein reiterlich vollendetes und militärisch einwandfreies Bild! — Das Tempo ist flott, bei einigen Reitern

Auffahrt der transportablen Hindernisse in Olympia.

11*

faſt gleichmäßig fließend, bei andern wechſelnd. Unſachgemäßes
Jagen und Haſten ſah man dagegen nicht.

Unter den Konkurrenten bemerkte man auch Damen und
ganz junge Mädchen, die mit fabelhaftem Schneid über die
ſchwierigen Doppelſprünge und Barrieren von 1,50 m ritten. Der Hochſprung war außerordentlich gut beſetzt und äußerſt lehrreich. Man begann mit einer Höhe von 1,70 m, was alle (etwa 20) Pferde glatt gleich das erſte Mal ſprangen. Erſt von etwa 1,90 m ab — die Stangen wurden von 10 : 10 cm erhöht — ſonderte ſich die Spreu von dem Wei-

Hunter-Typ.

zen. Mit etwa 2,20 m wurden die Konkurrenzen durchweg gewonnen.

King Edward's Cup, die begehrteſte militäriſche Trophäe,
die 3 mal von einem Team von 3 Offizieren derſelben Nation
gewonnen werden muß, wanderte diesmal nach Belgien, das damit ſeinen in Brüſſel begonnenen Siegeszug auch über den Kanal
fortſetzen konnte. Der Hindernisparcours war hier zweimal zu
durchlaufen und alle Fehler der einzelnen Konkurrenten einer
Mannſchaft (équipe) wurden zuſammen addiert. Rußland brachte
mit dem Erfolge des Petersburger Reitlehrers, Kapitän Bertren,

eines früheren französischen Offiziers, ebenfalls einen Erfolg auf sein Konto.

Die italienischen Offiziere, die genannt hatten, waren schließlich nicht erschienen, weil, wie man hörte, ihnen die Beurteilung des Stils zwischen den einzelnen Sprüngen durch einen besonderen

Officer's Charger.

Stilrichter nicht zusagte. Sie sind zudem von Italien her absolut feste, unnachgiebige Sprünge gewohnt, während hier alles wie Kartenhäuser bei der leisesten Berührung umfiel. Ganz hervorragend und von außerordentlicher, herzlicher Liebenswürdigkeit war die Aufnahme der fremden Offiziere. Hier erwarb sich besonders der greise Lord Redesdale, als Chef des Empfangskomitees, aufs Beste unterstützt durch die charmante Lady-Ordonnance, Mrs. Beddington, den uneingeschränktesten Dank aller Gäste.

Durch Offiziere vertreten waren folgende Nationen: England, Frankreich, Belgien, Schweden (Militärattaché Major de Linder),

Rußland (Reitlehrer an der Kavallerieschule in Petersburg Capitaine Bertren).

Die englischen Offiziere beteiligten sich in diesem Jahre in besonderer Stärke und ritten sämtlich stets in Uniform. Anscheinend geht diese dem englischen Volkscharakter etwas widersprechende

Riding-Horse.

Tendenz von maßgebender Stelle aus und bildet ein neues Glied in der Kette der allgemeinen Verbesserungen auf militärischem Gebiete.

Die einzelnen Prüfungen von Reiter und Pferd haben zwar äußerlich mehr den Charakter von Qualitätsprüfungen als bei uns, aber es ist doch unverkennbar, welch außerordentliche Bedeutung dabei dem Grade des Gerittenseins der Pferde zufällt.

Da sich auch die Richter zur besseren Beurteilung des Gefühles selbst auf die betreffenden Pferde setzen, erscheint es ausgeschlossen, daß nur scheinbar zugerittene, das Auge blendende Pferde hier prämiiert werden könnten.

Im Gegenteil rücken hier Pferde durch gute Reiterei eine ganze Klasse höher, und es war unschwer zu beobachten, wie die

Park-Hack.

wenigen Pferde, die man in unserem Sinne als geritten bezeichnen könnte, sich von selbst an die Spitze placierten und sogar auf das Publikum Eindruck zu machen nicht verfehlten. Natürlich würden aber noch so gut gerittene Pferde, die unschön, zerbrochen und nach englischen Begriffen schlecht gebaut sind (hochbeinige, kurze, schlechtschultrige ohne gute Sattellage usw.) hier absolut keine Chance besitzen.

Von beinahe ausschlaggebender Bedeutung ist indessen eine richtige Klassifizierung der Pferde nach in England erworbener

Kenntnis der dort üblichen Einteilungen. Man unterscheidet hier Cobs, Park Hacks und Covert Hacks, Chargers, Riding-Horses und Hunters, die wiederum nach ihrer Größe und Fähigkeit, gewisse Gewichte dauernd tragen zu können, in Unterklassen eingeteilt werden.

Die unrichtige Klassifizierung eines noch so guten Pferdes raubt ihm unfehlbar jede Chance.

Für eine eventuelle Beteiligung kämen für uns in erster Linie in Betracht Chargers und Riding-Horses.

Unter Chargers versteht man nicht Chargenpferde in unserem Sinne, sondern verallgemeinert diesen Begriff auf den Typus aller zum Waffendienste für den Reiteroffizier geeigneten Pferde, im Besitz und zu reiten von aktiven Offizieren in Uniform.

Die Qualität der englischen Chargers geht, was mit den besonderen züchterischen Absatzverhältnissen des Landes und dem geringen Wert, den die englischen Offiziere auf Anschaffung besonders guter Pferde zu diesem Zwecke legen, zusammenhängt, keineswegs über unsere besten Chargenpferde.

Ähnlich verhält es sich mit den Riding-Horses, die schon mehr den Übergang zum Hunter darstellen, also gutgerittene Pferde, die auch Jagden gehen können, sein müssen. Von ihnen wird ein guter Schritt, Trab und aus dem Schritt entwickelter Galopp auf gerader Linie verlangt.

Auch für die Klasse der leichten Hunters würden sich unschwer einige der besten Vollblut- oder sehr vollblutähnliche Pferde finden lassen. Eckige, schwere Pferde und unedle Cobs, Hackneys usw., wie sie in Deutschland vielfach als irische Jagdpferde vorgestellt werden, gibt es in der Hunterklasse nicht zu sehen, in der lediglich ein dem Vollblut auch in Manier und Äußerem ähnelndes, hochedles, starkknochiges Halbblutpferd gezeigt wird. Die bei uns immer wieder gehörte Behauptung, Hunters seien eine Kreuzung von Vollblut mit Stuten kaltblütigen Schlages, wird hier durch die Praxis glänzend widerlegt.

Hack bezeichnet nicht nur eine bestimmte Qualität von Pferden, sondern die Eignung zu bestimmtem Zweck; der Park Hack, der mehr Paradepferd ist, soll von jedermann bequem spazieren ge-

ritten werden können, während vom Covert Hack, der den Jagd=
reiter zum Meet bringen soll, schon ein gewisser Grad von Galoppier=
vermögen gefordert wird.

Auch hier könnten einige Pferde — eventuell unter Damen
— vorteilhaft verwendet werden.

Covert Hack (Olympia=Horse=Show).

Hervorzuheben ist ferner, daß bei allen Reitklassen ein weicher,
eleganter Sitz gefordert wird und jede zu steife Betonung äußerer
Korrektheit wenig Anklang finden dürfte.

Eine, wenn vielleicht anfänglich noch schwächere Beteiligung
auch am Springen (Jumping over the course) erscheint möglich,
wenn auch weit schwerer.

Der enorme Vorsprung, den die Italiener, Franzosen und
Belgier in diesem Sportzweig seit über einem Jahrzehnt haben,
kann nicht mit einemmal eingeholt werden.

Bei der regen Beteiligung englischer Offiziere auch am
Springen war der Schneid immerhin bemerkenswert, mit dem sie
die schwierige Konkurrenz mit den französischen und belgischen
Pferden aufnahmen. Einzelne entwickelten hierbei eine hervor=

Eine Siegerin von Olympia.

ragende Geschicklichkeit im Sattel. Wer die besonderen englischen
Verhältnisse kennt, sieht in den, die leichtgebauten, aber sehr hohen
Hindernisse vielfach streifenden Pferden die besten Hunters über
die schwersten Gegenden Englands.

Dabei muß noch berücksichtigt werden, daß die meisten Hunters
um diese Zeit müde nach einer anstrengenden Jagdsaison sich auf
der Graskoppel befinden und auch mancher Besitzer fürchtet, seinen
Hunter durch das Gewöhnen an Hindernisse, die leicht umfallen,
für den Ernst des Jagdfeldes zu verderben.

Was den Pferden der englischen Herren zu fehlen scheint,
ist die ganz spezielle Schulung dafür, daß die Pferde leicht zer=
brechliche Hindernisse von beträchtlicher Höhe glatt springen, ob=

wohl sie aus Erfahrung wissen, daß mindestens die oberen ganz
losen Teile leicht herunterfallen, ein Hindurchwischen, wie durch
Hecken und Hürden, also Kräfte schonender und dabei ungefährlich
ist. Die hierzu nötige Schulung der Pferde ist bereits an anderer
Stelle besprochen worden.

Hunter.

Es muß aber immer mit dieser Eigentümlichkeit gerechnet
werden, da — mit Ausnahme von Italien, woselbst die Concours=
hindernisse völlig fest sind — bei Concours zur Vermeidung von
Stürzen und Unglücksfällen die Hindernisse meist derartig gebaut
sein werden.

Die beachtenswertesten Konkurrenten sind unbestritten die
französischen und belgischen Offiziere.

Die Klasse der Pferde dieser Offiziere ist dabei absolut
nicht durchwegs besonders hoch. Keineswegs gewinnt hier immer
das teuerste Pferd, wenn auch die Preise der besten Springpferde
enorm sind.

Das Material besteht teils aus Huntern oder hochedlen
Halbblutpferden, meist aber aus Pferden des täglichen Dienstes.
Haben diese Pferde dann in oft jahrelanger Schulung eine außer=

gewöhnliche Sicherheit erlangt, so steigen sie ganz enorm im Werte und wandern oft in jene großen Privatspringställe, die vielfach von unternehmenden Sportleuten mit reichen Mitteln unterhalten werden, weil mit guten Pferden im Auslande viel Geld zu verdienen ist.

Als ein typisches Beispiel mag hier der französische Capitaine Meyer (26. Dragoner) aufgeführt sein, ein nahezu fünfzigjähriger Mann, der mit einer keineswegs bedeutenden, für 1100 Francs aus dem Stande des Regiments entnommenen Remonte in London zwei zweite Preise errang. Solche Pferde verzehnfachen oder verzwanzigfachen dann oft ihren ursprünglichen Wert.

Auf gleicher Höhe stehen die Pferde der belgischen Offiziere, wie auch die Ergebnisse des jüngsten Concours hippique in Brüssel bewiesen haben.

Diese Entwicklung des Springsports in Belgien ist für uns deshalb besonders interessant, weil bisher seit vielen Jahren die Franzosen sich stets den belgischen Offizieren überlegen gezeigt hatten.

Erst allmählich in ständiger Konkurrenz und enger Fühlung mii ihren französischen Kameraden haben die Belgier es zu den diesjährigen bemerkenswerten Erfolgen gebracht.

Auf der belgischen Reitschule zu Ypern befinden sich übrigens etwa zwanzig Dienstpferde, die im Hochsprung über 2 m erreichen und auf denen den Reitschülern Sitz und Gefühl im Sprung gelehrt wird. Lehrer sind hier vorwiegend ältere sporterfahrene Leutnants.

Auch bei den belgischen Offizieren konnte man beobachten, wie immer der beste Reiter auch beim Springen gewinnt und wie eine Störung durch Sitz oder Hand sich unmittelbar in Fehlern des Pferdes im Sprung bemerkbar macht.

Es ist als sicher anzunehmen, daß auch in den Spring= prüfungen, die in London den breitesten Platz auf der Show einnehmen, unsere Offiziere, wenn auch nicht den ersten, so doch einen ehrenvollen Platz einnehmen werden und ihre Beteiligung auch in dieser Hinsicht durchaus wünschenswert ist.

Ohne zu weit gehen zu wollen, kann man ruhig behaupten, daß die nahen und kameradschaftlichen Beziehungen, wie sie unter den Teilnehmern an solch internationalen Veranstaltungen von

Mrs. Violet Mac-Bride.

selber entstehen, mit dazu beitragen, das gegenseitige nationale Verständnis zu fördern und mancherlei Vorurteile zu zerstreuen.

Schließlich ist zu bedenken, daß aus den Reihen der jetzigen Jugend, und nicht zuletzt der sich sportlich betätigenden, einstmals

mehr oder weniger Männer in bedeutende Stellungen gelangen
werden, wo sowohl persönliche Freundschaft als auch die Be-

Mr. W. Winans beim Hochsprung auf Grey Hawk.

seitigung von Vorurteilen in mehr als einer Hinsicht wertvoll
sein kann.

Die gastliche Aufnahme in London und ebenso in Brüssel
war getragen von einer herzlichen und unbegrenzten Liebens-

würdigkeit. An beiden Plätzen fiel auch das ausgezeichnete Ein=
vernehmen zwischen den anwesenden französischen, englischen und
deutschen Offizieren aufs angenehmste auf. Nirgends störte auch
nur der leiseste Mißton die Erinnerung an diese glänzend ver=
laufenen Tage.

Moderne Geländeritte.

Erst viele Jahre nach dem denkwürdigsten aller Distanz-
ritte Berlin—Wien, mit deſſen Erfahrungen wir dieſes
Gebiet für erſchöpft anſahen, kamen in anderen Ländern
Dauerritte auf, die viel von ſich reden gemacht haben.
Deutſchen Offizieren war die Teilnahme an dieſen zum Teil
internationalen Veranſtaltungen unterſagt. Und wohl mit Recht.
Denn anfangs ſtellten ſich dieſe Ritte, z. B. der von Brüſſel
nach Oſtende, als wahre Todesritte für das unglückliche beteiligte
Pferdematerial heraus. Allein, man machte hier neue Erfahrungen,
kam zu neuen und überraſchenden Ergebniſſen, und mit der von
den franzöſiſchen Kavallerieoffizieren erprobten Trainier- und
Fütterungsmethode wurden ſeitdem alljährlich ganz hervorragende
Leiſtungen in Fernritten vollbracht, ohne daß die Pferde im allgemeinen Schaden genommen hätten. Es wird im Gegenteil bei
dieſen Raids der allergrößte Wert auf eine gute Kondition nach
dem Ritt gelegt, und in Frankreich, Belgien, Italien und Schweden
wurden lange Jagdgalopps oder auch Rennen über Hinderniſſe
als Konditionsprüfung verlangt und auch geleiſtet. Pferde, die
ganz erſtaunliche, vor ganz kurzem noch für unmöglich gehaltene
Rekords erzielt hatten, kamen ohne ein naſſes Haar in tadelloſer
Haltung am Ziele an und konnten zum Teil nach wenigen Tagen
ſchon richtige Steeplechaſes gewinnen; der beſte Beweis, daß ſie
weder müde noch überanſtrengt waren.

Allerdings ſind dieſe Raids in ihrer Anlage und Entfernung etwas verſchieden von unſeren Kaiſerpreisritten. Von
der militäriſchen Vorausſetzung ausgehend, daß die Teilnehmer
Führer von Offizierspatrouillen ſeien, die mehrere Tage hindurch
anſtrengende, jedoch verſchiedenartige Leiſtungen zu bewältigen
haben, hat man die Raids in Etappen von meiſt 3 Tagen eingeteilt, an denen je 50, 60 oder auch 80 km in verſchiedener

At. Fuchs (7. Chev.) Sieger im Schongauer Geländeritt.

Schnelligkeit und über verschiedenartiges Gelände zu reiten waren. Am ersten Tage beispielsweise nur Chaussee und in ruhigem Tempo, wie sich eine Patrouille etwa dem Feinde nähert. Am zweiten Tage gehts ins Gebirge, auf optische Stationen, über schlechte Wege und, dem gedachten Gegner ausweichend, nur mühsam vorwärts. Am dritten Tage gilt es, vom Gegner verfolgt, meist querfeldein über allerlei künstliche und natürliche Hindernisse die (angenommene) Meldung so schnell wie möglich zum Bestimmungsort zu bringen. Hier müssen die Pferde noch vorgeritten und gesprungen werden. Preisrichter in Automobilen verfolgen auch während des Rittes Sitz und Einwirkung des Reiters. — Man kann nicht leugnen, daß eine solche

Oblt. Markgraf Pallavicini (K. u. K. Huf.Rgt. 8) beim Geländeritt in München.

Abwechslung und Einteilung sehr viel für sich hat und kriegsgemäßer ist, als lediglich auf der Chaussee zu traben, wie es meist noch bei uns ausschließlich geschieht. Dabei wird viel galoppiert und nur als Einlage zwischen den Galopppreisen häufig ein ganz kurzer Erholungstrab geritten. Als Kräftigungsmittel hat sich Zuckerwasser vorzüglich bewährt. Distanzritte von Hunderten von Kilometern sind heute veraltet.

Den Erfordernissen des modernen Krieges mit seinen technischen Nachrichtenmitteln entsprechen weit mehr kürzere, aber desto schnellere Ordonnanzritte, wie sie in der vom Feinde gefährdeten Zone abseits vom Wege immer wieder vorkommen und von vielleicht allergrößter Wichtigkeit sein werden.

Dementsprechend sind die modernen Fernritte wesentlich kürzer geworden, während sich ein nicht geringer Teil der Strecke unter kriegsmäßigen Verhältnissen abseits der Wege abspielt.

Mit dieser Entwicklung hat sich gleichzeitig gegenüber der bisherigen Überlegenheit des Vollbluts der Halbblüter in den Vordergrund geschoben. Im tiefen Boden über feste Sprünge und Geländeschwierigkeiten aller Art hat er sich dem Vollblüter nicht nur durchaus gewachsen, sondern sogar teilweise überlegen gezeigt.

Eine übersichtliche statistische Zusammenstellung der letzten großen derartigen Fernritte, die ja am besten meine Behauptungen stützen würde, läßt sich der zu verschiedenartigen Bedingungen dieser Raids halber leider nicht

Einstieg in die Kiesgrube bei Lochham während des Gelände-Reitens. (München.)

geben. Es mögen daher nur einige wenige Daten angeführt sein. 1895 Dresden-Leipzig, 135 km in 5 Stunden 57 Minuten. (Lt. Zürn), wohl den besten deutschen Distanzritt, gewann die Beberbecker Halbblutstute Thecla v. Idea XX — Thea. (Ein Blut, das in Beberbeck besonders konserviert werden sollte.) 1901 Schwedischer Raid 69 km Oblt. Goldfühl in 2 St. 48 Min., Halbblutwallach.

1902 Mälar-See (Eisritt) 76 km derselbe Reiter auf einem
Halbblutpferd in 2 St. 42 Min.

1903 Tientsin-Peking 126 km Lt. v. Salzmann auf einem
Pony in 8 St. 48 Min.

1905 Upsala-Stockholm 70 km in durchschnittlich 3 St., meist
Halbblüter.

1906 Königsberg-Königsberg, 85 km Lt. v. Egau-Krieger
auf Reginald (Hbl.) gewonnen.

1907 Cottbus 20 km Querfeldein-Jagdrennen, Lt. v. Schlotheims
Pascola v. Simon Magus (Amerika) in 33 Min. 52 Sek.
Mehrere Halbblüter placiert.

1908 Rußland, Janow, 50 Werst Offz. der 1. Donischen
Kosakendivision auf Halbblut in 2 St. 3 Min.

1908 Petersburg 100 Werst-Rennen, Halbblutwallach aus
Gestüt Gf. Samoiski unter 79,8 kg in 6½ St.

1908 Esseg-Mitrowitz 110 km, Oblt. Pistor (k. u. k. 11. Drag.)
auf Etelka (Halbbl.) in 5:20: Zwei weitere Halbblüter
in 5:25 und 5:35 waren II. und III.!

1909 Hannover 60 km Rittm. v. Olsterley auf Rädelsführer
(Pr. Halbbl.)

1909 Budapest Oblt. Jolis (k. u. k. 10. Huf.) auf Léha (Halbbl.)
50 km in 1 St. 46 Min. (Gest. Gf. Esterhazy Starosd) Gelände.
(Belgischer Weltrekord 50 km (Straßen) in 1 St. 28 Min.).

1910 Cháktornyaer Ordonnanzritt, Oblt. v. Vomacka (5. U.)
50 km in 1 St. 40 Min. auf Feodora v. Dante (Hbl.), Gestüt
Graf Nádasdy.

Der vorletzte vorzügliche Ritt unserer österreichischen Nachbarn verdient besondere Beachtung. Am 1. und 2. Oktober v. J.
stellten sich 69 Teilnehmer dem Starter und wurden in Abständen von
12 Minuten abgelassen. Das Terrain war außerordentlich abwechslungsreich, teils bergig, teils sumpfig. 25 ausgesuchte Hindernisse waren dabei zu überwinden. Die Orientierung auf der allen
Reitern gleichmäßig unbekannten Strecke nach einer kleinen Karte
1:75000 war nicht leicht und in den Vormittagsstunden durch
Nebel sogar erschwert.

Die Hindernisse bestanden aus Gräben, die teils des sumpfigen
Anlandes wegen nicht im Schwung gesprungen werden konnten,

Chausseesprüngen, Mauern, Doppelhecken, Zäunen und Kletterhindernissen verschiedener Art. Die Maximalzeit für den Ritt betrug 3¹⁄₂ Stunden. 63 Reiter entsprachen dieser Bedingung, 3 gaben den Ritt unterwegs auf, und 3 andere hatten sich verritten. Eingegangene oder auch nur ermattete Pferde gab es nicht. Ein Gewichtsausgleich hatte nicht stattgefunden. Der Sieger, Oblt. Folis, ist von außergewöhnlich leichter Figur.

Die Gesamtleistung muß nach allem als ganz hervorragend gut bezeichnet werden, wenn man die durchaus kriegsgemäßen Verhältnisse in Betracht zieht, unter denen der Ritt ausgeführt wurde. Er kann in mancher Hinsicht als vorbildlich für die Anlage späterer ähnlicher Ritte gelten.

Bei uns in Deutschland, wo schon lange kein großer proponierter Ritt innerhalb der Armee das Interesse und den Ehrgeiz zu derartigem Unternehmen zu neuem Leben erweckt hat, ist Distanz-

Abstieg von einer fast senkrechten Wand von 6 m Höhe (Italien).

und Geländereiten fast gänzlich auf die dienstlichen Ritte sowie Veranstaltungen lokaleren Charakters, wie die Preispatrouillenritte in Frankfurt a. M., München (Regentenpreis), Stuttgart, Königsberg und Hannover beschränkt. Aber auch diese Ritte schaffen viel Gutes und lassen wenigstens die Passion und das Verständnis für derlei Sport nicht ganz einrosten. Bei diesen Geländeritten ist meistens eine Minimal- und eine Maximalzeit vorgeschrieben, innerhalb deren sich die Leistungen in bezug auf Schnelligkeit zu halten haben. Jedenfalls wird größere Schnelligkeit nicht besonders bewertet, sondern kann höchstens zu einer ungünstigeren Beurteilung führen, wenn nämlich darunter die Kondition des Pferdes nach dem Ritt leidet. Solche Maßnahmen sind bei uns, wo diesem Geländerittsport im allgemeinen noch wenig Passion entgegengebracht wird, auch ganz gut. Jedenfalls wird es so vermieden, daß durch ernstliche Schäden an Material und Beutel den Gegnern solcher Veranstaltungen neuer Agitationsstoff in die Hände geliefert wird.

Ist doch teilweise sogar immer noch der anderwärts längst überwundene Standpunkt weit verbreitet, daß die Distanzhetzen eine auf Leben und Tod gehende Tierschinderei seien. Man ist bei uns eben immer noch in den Anschauungen befangen, wie man sie im Ausland nach den traurigen Erfahrungen von Brüssel-Ostende (1902), bei welchem Ritt eine unverhältnismäßig hohe Zahl von Pferden einging oder nicht ankam, gründlich revidiert hat. Sachgemäßes Training ist eben unerläßliche Voraussetzung zu außergewöhnlichen Leistungen,

Kletterübung in Italien.

wenn man auch von halbwegs in Gebrauchsarbeit befindlichen Pferden unbeschadet große Leistungen fordern darf, wenn Einleitung und Ausführung des Gewaltritts von sachgemäßem Verständnis geleitet sind.

Erst wenn die Gewißheit sich überall Bahn gebrochen hat, daß ein Ritt teils im Gelände über 50 bis 60 km in rund 3 Stunden nicht zu den Extravaganzen des Lebens gehört, daß dies vielmehr jedes nur halbwegs kriegsbrauchbare Pferd bei sachgemäßem Reiten zu leisten vermag, daß aber nur Überhetzen, besonders im Trabe und Nichteinhalten der dem Pferde zusagenden Pace u. dgl. zu traurigen und kostspieligen Erfahrungen führen, erst wenn man dies allgemein erkannt hat, werden wir Fortschritte im kriegsmäßigen Ordonnanzreiten er-

Lt. Chevalier C. de Selliers de Moranville
auf Cake-Walk in Rom.*)

---

*) Wie mir dieser hervorragende Reiter in einem Briefe mitteilt, ist die abgebildete Wand absolut so steil in der Wirklichkeit, wie sie sich auch auf dem Bilde darstellt. Er gibt mir die Versicherung, daß keinerlei photographische Tricks etwa bei der Aufnahme obgewaltet haben. Dies dürfte also auch wohl für die übrigen, besonders italienischen Kletterbilder gelten und genügen.

leben. Beispiel und Belehrung werden viel tun. Dem jungen Offizier muß es eben in Fleisch und Blut übergehen, daß es ehrenvoller ist, sein Pferd mit einer Kilometerzeit von 4 bis 6 Mi= nuten in guter Kondition durchs Ziel zu bringen, als es in der halben Zeit zu schanden zu reiten. Das lernt er aber am besten — und vielleicht einzig — nur auf dem eignen, vor allem dem selbstvorbereiteten Pferde.

Übersicht der neueren Großen Konkurrenz= Fernritte seit Berlin-Wien (1892).

1. Dresden-Leipzig, 1895, 135 km; Sieger in 5 St. 57 Min. (Chaussee.)

2. Enköping- Stockholm, 1901, 69 km; Sieger in 2 St. 48 Min. (Chaussee und Eis.)

3. Umeå-Stock= holm, 1902, 76 km; Sieger in 2 St. 42 Min. (Mälar=See.)

4. Brüssel - Ost= ende, 1902, 134 km; Sieger in 6 St. 55 Min. (Chausseedamm.)

5. Paris-Rouen- Deauville, 1903, Etappen= ritt: 130 km Chaus= see bis Rouen im 10 km=Stun- dentempo; 85 km

S. K. H. Lt. Prinz Heinrich v. Bayern beim Geländeritt.

nach mehrstündiger Ruhe vom Sieger in 4 St. 14 Min. zurückgelegt. (Chaussee.)

Geländeschule in Tor di Quinto.

Ordonnanzritt an der italienischen Reitschule zu Pinerolo.

6. Tientsin-Peking, 1903 (Ponies) 126 km; Sieger in 7 St. 23 Min.

7. Mailand-Turin, 1904, Chaussee: Zum Schluß: Hürden-rennen über 4000 m. 150 km-Etappenritt, Gesamtzeit des Siegers 18 St.

8. Lyon-Vichy, 1904, Etappenritt, ähnlich wie 5, Raid Nationale Militaire.

9. Lyon-Aix les Bains, 1905, Etappenritt 171 km in 3 Etappen: 1. 59 km Chaussee und im Gelände, höchstens 13 km in Stunde. 2. 58 km, Sieger 22 km pro Stunde geritten, große Terrainschwierigkeiten. 3. 54 km teilweise Gebirge, Maximalgeschwindigkeit 15 km auf die Stunde. Letzte 15 km ebene Straße. Zeit des Siegers für die letzten 54 km : 3 : 14 : 26$^{3}/_{5}$!

10. Vittel-Vittel, 1906, Raid National-Militaire, nach kürzeren Etappen; 142 km Gesamtstrecke. Beste Zeit 9 St. 3 Min. 35 Sek. Leichte Bedingungen.

11. Upsala-Stockholm, 1906, 70 km in etwa 2$^{1}/_{2}$ St.; 48 St. später: Konditionsprüfung: 2000 m Jagdgalopp auf dem Eise.

12. Königsberg-Königsberg, 1906, 2 Etappen 85 km und nach 9 St. Pause 60 km. Entscheidungsrennen 2000 m über Hindernisse. Maximalzeit 6 St. für die erste Etappe.

13. Tokyo-Tokyo, 1906, Patrouillenritt japanischer Kav.-Offiziere mit je 9 Reitern! Beste Zeit 104,06 St. 600 km (für die gleiche Entfernung brauchte Starhemberg 71,20 St.!)

14. Königsberg-Königsberg, 1907, 1. Etappe 90 km: Maximalzeit 6$^{1}/_{2}$ St. 2. Etappe 55 km: Maximalzeit 4$^{1}/_{2}$ St. Entscheidungsrennen: 2500 m Steeple-chase.

15. Budapest-Wien, 1908; 230 km in einer Etappe: Chaussee, über die Hälfte Nachts; Sieger in 16$^{1}/_{2}$ St.!

Regeln für längere Ritte.

Wenn ich im folgenden kurz die Erfahrungen rekapitulieren soll, die auf dem Gebiete des Distanzreitens in den letzten Jahren gesammelt worden sind, so möchte ich die Tatsache voranstellen, daß über Entfernungen, wie sie unsere Kaiserpreisritte verlangen, unter kriegsmäßigen Verhältnissen auch im Auslande selten schnellere Rekords erzielt werden konnten, als wir sie aufzuweisen haben.

Nach der Schnelligkeitsgrenze hin brauchen wir unsere Anforderungen keineswegs höher zu schrauben.

Erstrebenswert wäre dagegen eine durchweg gleichmäßigere Gesamtleistung mit weniger Ausfällen an

Tränken mit Zuckerwasser.

unterwegs liegen gebliebenen Tieren und vor allem eine bessere Kondition der am Ritt beteiligten Pferde.

Um dieser letzteren Forderung besonders gerecht zu werden, lohnt es sich, die Nutzanwendung aus den hauptsächlich bei den

großen Geländeritten ausländischer Offiziere gesammelten Er=
fahrungen zu ziehen.

Es hat sich da zunächst herausgestellt, daß ein fleißiges
Training Vorbedingung des Erfolges ist. Im modernierten

Maßstab werden auch wir einer
solchen Vorbereitung nicht ganz
entraten dürfen. Nicht einige
wenige in Zwischenräumen
unternommene Gewaltritte, son=
dern die tagtägliche Gewöh=
nung an die strapaziösen An=
forderungen des Fernritts, d. h.
stundenlangen Aufenthalt im
Freien bei ausgiebiger und
abwechselungsreicher Bewegung
auf verschiedenem Gelände,
Gewöhnung des Magens an
langes Leerbleiben und un=
regelmäßige Fütterzeit und end=
lich Gewöhnung von Lungen
und Muskeln an die langen

Szene vom Raid.

Repriſen, — das dürfte das hier notwendige Training darstellen.

Es wird sich ferner für den Offizier darum handeln, sich
reiterlich mit seinem Pferde zu einigen. Zu durchgreifenden
Dressurversuchen wird es in der Regel zu spät sein. Eine un=
bedingte Versammlung ist auch auf die Dauer eines solchen
Ritts nicht durchführbar; aber der Reiter muß in seinem Sitz
das Pferd unterstützen, wenigstens nicht stören und vor allem
das dem Pferde zusagende Individualtempo herausfühlen, das
er während des Rittes, unbekümmert um alle Nebeneinflüsse un=
bedingt festhalten muß.

Die vorwiegende Gangart wird während solch langer Ritte
auf der Straße und im Gebirge wohl stets der Trab bleiben,
wenn auch durch häufige und lange Galoppeinlagen unterbrochen,
die besonders unter einem geschickten Reiter erwiesenermaßen dem
Pferde durch die damit bedingte Muskelabwechslung Erholung
schaffen. Nachdrücklichst sei aber vor dem sogenannten Stechtrab

gewarnt, denn nichts führt das Pferd schneller zu Erschöpfung und
der Gefahr, dem Starrkrampf zu erliegen. Man tut gut, sich eine
Einteilung nach Zeit und Gangart zu machen und dann
nach der Uhr zu reiten. Naturgemäß wird eine solche Einteilung
nur einen allgemeinen Anhalt bieten dürfen und je nach Terrain=

Ein Reiterscherz beim Frühstück. (Lt. Carignani di Valloria-Rom.)

verhältnissen, Wegebeschaffenheit und Gefühl des Reiters manche
Einschränkung erfahren müssen. Eine Regel läßt sich dafür nicht
aufstellen. Schritt sollte man niemals reiten, sondern stets
führen. Ganz besonders nicht bergab. Es ist dies eine ganz
wesentliche Erleichterung für sein Pferd, die jeder Kavallerist wohl

gern auf das eigne Konto übernehmen wird. Um Galopp auf
der Straße zu reiten, muß man schon ein wenig mit alten Vorurteilen aufräumen. Es bleibt eben nichts anderes übrig. Und
ist in Wirklichkeit auch meistens nicht so schlimm; denn sehr oft
finden sich an den Seiten ein immerhin etwas weniger harter
Streifen oder gar Sommerwege. Niemals reite man aber
auf schräger Fläche, sondern lieber in der Mitte der Straße,
selbst wenn es dort härter ist. Auch die an den Chausseebäumen

An der Kontrollstation.

entlang führenden schmalen Rasenstreifen mit Wasserabzugsrinnen
sind nicht zu empfehlen, da das häufige Verkürzen ihres Strides
die Pferde zu sehr ermüdet, sie auch leicht fallen können. Auch
von der Straße auf Stoppelacker oder Wiese abzubiegen, lohnt
sich in den seltensten Fällen. Man kommt oft in schlechte Stellen
oder vor unerwartete Hindernisse und wird zu Umwegen gezwungen, die man hinterher bereut. Auf der Straße ist man seines
Weges sicher.

Besonders im zweiten Teil des Ritts scheue man sich nicht,
oft und viel zu galoppieren. Ich habe gefunden, daß Pferde,
die zu müde waren, noch Trab zu gehen, im Galopp wieder

frischer wurden. Vielleicht glaubten sie, nun müsse es doch bald
zu Ende sein. — Unsere Schwadronspferde sind in der Regel
hoch genug im Blut und durch das Exerzieren genügend im Galopp=
training, um Strecken von 4 bis 6 km im ruhigen Tempo zu
galoppieren, danach ist immer wieder eine Reprise ruhigen Trabs
geboten. Auch solchen Pferden, die als ausgesprochene Trab=
gänger bezeichnet werden, sind Galoppeinlagen nur dienlich; dafür
mache man etwa stündlich einen Halt von einigen Minuten,
der das Pferd mehr ausruht, als eine Viertelstunde Schritt.

Preisrichter im Auto.

Muskeln, Herz und Lunge ruhen sich dann einmal
völlig aus. Nach langem Reiten und bei Hitze empfiehlt
es sich, diesen Halt mit dem notwendigen Tränken
zu vereinigen. Was die Tempi betrifft, so darf der Trab
jedenfalls nicht stärker sein, als unser heutiges Exerziertempo.
Auch der Galopp wird nur bei ganz hervorragenden Pferden
etwa das 500× Tempo erreichen. Jede Überschreitung des
Tempos rächt sich aufs Bitterste.

Die Frage des Futterns ist ziemlich müßig, denn viel
Zeit dazu lassen die meisten Fernritte nicht. Es kann sich in
der kurzen, zur Verdauung unzulänglichen Zeit also nur um eine
gewisse Erfrischung und Kräftigung für das Pferd handeln.

Da haben sich Zucker und Eier am besten bewährt, weil am besten verdaulich und am schnellsten ins Blut übergehend.

Zucker kann man in fester und aufgelöster Form verabreichen. Mehr wie ein Pfund löst sich indessen auf ein Liter Wasser nicht auf. Am schnellsten geht es mit einem Teil heißen Wassers. Etwas Heu ist den Pferden auch meist angenehm. Spirituosen sind in jedem Fall unangebracht.

Tritt eine Überanstrengung des Pferdes ein, so macht sich dies am deutlichsten in einer starken Erhöhung seiner Temperatur geltend.

Szene vom Raid.

Diese Erfahrung hat dazu geführt, die beteiligten Pferde während der Distanzritte auf Kontrollstationen durch Veterinäre messen zu lassen. Schon nach verhältnismäßig kurzer und ruhiger Bewegung, wie z. B. beim Exerzieren, tritt bei allen Pferden, wie mit Sicherheit festgestellt, eine natürliche Temperaturerhöhung von 1 bis 1½ pCt. ein. Temperaturen bis

Oblt. Boceta (Spanien),
Sieger beim Ritt um das Championat 1910.

zu 40° sind bei Distanzritten also fast normal und gehen nach verhältnismäßig kurzer Zeit auch wieder herunter. Über 40°

Gehorsams- und Wendigkeitsprüfung von Pferden des Kaiserlichen Marstalls.

jedoch beginnt eine Gefahr und daher sollten Pferde mit dieser Temperatur stets von der Fortsetzung des

Rittes ausgeschlossen sein. Bei 42° bereits kann das Pferd eingehen, wenn auch schon über 44° beobachtet worden sind.

Es ist daher notwendig, daß der Reiter die Symptome drohender Übermüdung frühzeitig erkennt, die sich oft schneller einander folgen, als die nächste Kontrollstation erreicht ist. Feuerglühende Haut, starres Auge, angeschwollene Adern, steife Muskeln und schwankender Gang kennzeichnen äußerlich den gefahrdrohenden Zustand.

Lt. Freyer (23. Fußart.) auf Thea v. Nordstern (Ostpr. Halbbl.)

Es ist durchaus notwendig, daß das Pferd unterwegs stalle. Geschieht dies nicht, kann immer Blutvergiftung leicht eintreten. Auch kann Übermüdung leicht Koliken und Darmentzündung im Gefolge haben, über deren direkte Ursachen man sich noch nicht einig ist. Auch Hitzschlag ist oft an Distanzpferden beobachtet worden.

Während der Ruhepausen muß der Reiter demnach sein ganz besonderes Augenmerk auf das Pferd richten. Abwaschen von Beinen und Rücken wird das Tier erfrischen, wogegen es ungünstig ist, einem erhitzten Pferde einen Eimer Wasser einfach über den Kopf zu gießen. Das würde Reaktion und das gerade Gegenteil der beabsichtigten Wirkung hervorrufen.

Umstritten ist die Frage, ob Bandagen zum Ritt anzulegen seien oder nicht. Im allgemeinen scheint dies nicht

Oblt. v. Gagern (2. G. Ul.) beim Münchener
Geländeritt.
Phot. Michael Dietrich.

vorteilhaft zu sein. Die Bandagen können sich während so vieler Stunden leicht verschieben, sie können naß werden, sich zusammenziehen und drücken, oder auch Schmutz setzt sich darunter und scheuert. Dagegen ist ein sachgemäßes Bandagieren nach dem Ritt auf jeden Fall geboten. Bausil tränkt die leinenen Bandagen mit warmem Bleiwasser und reibt vorher die Sehnen mit heißem Essigwasser ab. Die Hufe, die naturgemäß einer Erfrischung und Aufweichung bedürfen, werden mit Kleie eingeschlagen. Auch Massage der Muskelpartien mit Kampferöl wird empfohlen. Möglichst reiche Sauerstoffzufuhr in einem sauberen und luftigen Stall ist endlich von Bedeutung, um das Pferd leicht die Anstrengungen des Rittes überwinden zu lassen.

Auf Details der Sattelung und Zäumung brauche ich wohl nicht einzugehen. Empfehlen möchte ich noch irgendeine praktische Art von Kandare, die ein müheloses Ein- und Aushaken des Gebisses zum Tränken ermöglicht, wodurch ein völliges Abzäumen des Pferdes während der Hauptruhepause überflüssig wird.

Die französischen Raids Militaires.

nsere westlichen Nachbarn scheinen dem Distanzreiten ihrer Kavallerieoffiziere einen sehr hohen Wert beizumessen. Sie fachen den sportlichen Ehrgeiz durch Ausschreibung großer Raids militaires, bei denen dem Sieger Ruhm und kostbare Trophäen winken, zu immer neuen Leistungen an, und in der Tat ist ihnen mit den Ergebnissen der Raids von 1904 und 1905 eine Umwertung aller bisherigen Begriffe zu schaffen gelungen.

Bisher waren derartige, immerhin selten veranstaltete Unternehmungen nicht ohne häufige Unglücksfälle für Reiter und besonders Pferd abgelaufen, wie dies bei der Natur der Sache auch nicht verwundern kann.

Noch der als französisch anzusprechende internationale Raid Brüssel-Ostende im Jahre 1902, den Leutnant Madamet von den französischen 13. Dragonern gewann, hatte sich — wie dies auch nicht ganz unberechtigt erscheint — einer geringen Volkstümlichkeit zu erfreuen. Das Resultat dieses Rittes, dem 16 Pferde zum Opfer fielen und in dem kaum die Hälfte der Konkurrenten — von 60 nur 29 — überhaupt das Ziel erreichten, schien allen

Capitaine Bausil auf Midas.
(Sieger im Raid Paris-Rouen-Deauville.)

denen recht zu geben, die derartigen Veranstaltungen nicht nur
jeglichen militärischen Wert absprachen, sondern eine direkte Gefahr
darin erblickten, daß solche Chausseerennen geeignet erschienen,
dem jungen Kavallerieoffizier eine verkehrte Vorstellung von dem
Leistungsvermögen des Pferdes und seiner Verwendung im Kriege
zu geben.

Die letzten Ritte nun dürften die Aufmerksamkeit der ge=
samten kavalleristischen Welt auf sich zu ziehen und auch den oft
gehörten Vorwurf der Tierschinderei zu entkräften berufen sein.
Dem Ritt Paris-Rouen-Deauville im Jahre 1903, dessen
215 km der Sieger in 14 Stunden zurücklegte, fielen von
21 Pferden zwei, demjenigen von Lyon nach Vichy 1904 bei
allerdings kühler Witterung von 22 Pferden nur eines, und zwar
an einer Lungenentzündung, zum Opfer, während beim Raid
Lyon-Aix les Bains 1905 trotz der 171 km langen schwierigen
Strecke bei tropisch heißem Wetter nur vier von 48 Pferden und
diese nur infolge von mangelhafter Vorbereitung dem Hitzschlag
erlagen.

Wie war eine so überraschende Schnelligkeit der im Ver=
hältnis zu allen früheren Ritten doch noch geringen Zahl der
Unfälle gegenüber möglich? Und wie vor allem ist es zu erklären,
daß Pferde, die solches geleistet, tags darauf in bewunderungs=
würdiger Frische imstande waren, lange und schwere Jagden in
kupiertem Terrain zurückzulegen? Die Fragen sind nicht schnell
zu beantworten. Man muß es aber vorweg den Franzosen lassen,
durch fleißiges und eingehendes Studium des Pferdes und seines
gesamten Organismus mit unermüdlichem Eifer in der Vorbe=
reitung und Erprobung und endlich durch weitestgehende Unter=
stützung der Ritte seitens der Staats= und Militärbehörden dieses
Ziel erreicht zu haben.

Leutnant Bausil, der Sieger im Raid von 1903 Paris-
Rouen-Deauville, hatte selbst sein Pferd beim Ritt Brüssel-
Ostende verloren. Sein spielender Sieg und die glänzende Kondition
seines Pferdes haben den Beweis erbracht, daß die tragischen
Erfahrungen des Vorjahres nicht nutzlos gemacht waren.

Das Streben des neuen französischen Systems geht vor
allem dahin, die Kräfte der Pferde möglichst zu schonen, um

das Ziel mit einem frischen, noch gebrauchsfähigen Pferde zu erreichen.

Kavalleristisch ist dieser Umstand gewiß von höchster Bedeutung. Ist doch bei dem einseitigen Streben nach Schnelligkeit die Wahrscheinlichkeit, anzukommen, eine relativ höchst geringe.

Was nützt der schnellste Ritt, wenn kurz vor Erreichung seines Zieles dem Reiter das Pferd versagt?

Kontrollposten.

Ist es nicht tausendmal besser, kavalleristischer und auch menschlicher, überhaupt, wenn auch etwas später anzukommen, sich seines Auftrages zu entledigen und für vielleicht noch bevorstehende wichtige Aufgaben ein leistungsfähiges Tier unter sich zu haben?

Nach solchen durchaus sympathischen Grundsätzen haben die Franzosen, das neue System aufgebaut, und wenn es ihnen gelungen ist, nicht nur in diesem Sinne das Vortrefflichste zu erreichen, sondern auch bei ihren Ritten zu einer noch nie dagewesenen Schnelligkeit zu gelangen, so kann man solcher Leistung hohe Achtung nicht versagen.

Auch sie haben ihren Raids zunächst die Erfahrungen der bisherigen Distanzritte zugrunde gelegt. Allerdings im negativen Sinne. So wie es bisher gemacht wurde, konnte es unmöglich das Richtige sein. Wie aber wurden Distanzritte bisher gemacht und werden sie zum Teil noch heute bei uns ausgeführt?

Endlose, stundenlange Trabreprisen auf der Chaussee wechseln mit Schrittführen. Das Trabtempo schwankt zwischen 3 und 3½ Minuten auf den Kilometer. Galopp sieht man fast nie, Halts überhaupt nie. Müssen nach etwa einem halben Tage solchen Ritts zur Neubelebung des ermatteten Tieres längere Pausen eingeschaltet werden, so geht es in den Gasthausstall. Hier bekommt das von dem abwechslungslosen Chausseetraben gänzlich abgestumpfte Pferd etwas Heu, das ihm nicht genügend Kraft geben kann, etwas Hafer, den zu verdauen ihm keine Zeit gelassen wird, wenn überhaupt es noch Futter annimmt, und dann schlendert der gleichfalls geräderte wackere Reitersmann zu einem kühlen Trunke in die Wirtsstube. Den allerdings ebenso enormen Durst des Pferdes völlig zu befriedigen, scheuen sich viele aus altüberkommenem Vorurteil. Bald bricht man wieder auf und weiter gehts Kilometer um Kilometer in schier endlosem Schnelltrab.

Wenn die gepeinigte Kreatur nicht mehr kann, wird die Peitsche hoch genommen, und erbarmungslos bohrt sich der scharfe Sporn in die bald blutigen Flanken — schließlich ist jeder Trab- ritt nur noch mit dem Eisen herauszustechen. „Fast mußte der Reiter die Mähre tragen." Vielleicht wirds dann noch einmal mit Spirituosen probiert, die für eine kurze Weile die Lebensgeister wieder etwas anregen. Plötzlich aber beginnt das Tier zu schwanken, fällt und bleibt, die Augen verdrehend, am Straßenrande liegen. So wird denn die Chance für diesesmal begraben. Den Rest ergibt der Sektionsbericht.

Allzuoft hat man solches Bild geschaut. Oft genug, um einen Schluß daraus ziehen zu können.

Die Erscheinungen, die bei einem über seine Kräfte ab- getriebenen Pferde eintreten, sind nämlich die gleichen, wie man sie auf der Parforcejagd bei dem geschlagenen Wild beobachtet: die glühende Haut, das irre Auge, die geschwollenen Adern, steifen

Muskeln, der schwankende Gang. Diese Symptome folgen ein=
ander so schnell, daß selbst ihr rechtzeitiges Erkennen oft nicht
mehr genügt, um dem Eintreten völliger Blutvergiftung und
Muskelstarre vorzubeugen.

Den Vorgang, wie er sich dabei entwickelt, kann man sich
folgendermaßen darstellen: Die im Körper aufgespeicherten und
umgesetzten Nährstoffe sind die Kohle, welche der Maschine, das
heißt dem Organismus des Pferdes, Triebkraft verleiht. Der
durch die Atmung zugeführte Sauerstoff und die Arbeit verbrennen

Parade nach der Bekanntgabe des Resultats.

diese Kohle, und es müssen die nicht durch die Ausatmung aus=
geschiedenen Verbrennungsprodukte durch den Schweiß, durch die
Blase usw. zur Ausscheidung gelangen. Läßt man dem Körper
hierzu nicht die Zeit, so bleiben die verbrauchten Teile im Blute.
Es weist dies darauf hin, wie wichtig es ist, das Pferd recht=
zeitig stallen zu lassen.

Da mit der Beschleunigung der Atmung und der vermehrten
Arbeit eine Erhöhung der Temperatur verbunden ist, so bildet
die Körperwärme gewissermaßen einen Barometer für die Be=
urteilung des Kräftezustandes.

Der Hirsch hat annähernd die Normaltemperatur des Pferdes;
nach der Jagd von den Hunden gestellt, beobachtete man bei
ihm 44·1 bis 44·5°.

Da das Leben des Pferdes bereits bei 42° gefährdet ist, so hätte es die Reiter der im Brüssel-Ostender Ritt gefallenen Pferde zur Vorsicht gemahnen müssen, wären sie auf den Gedanken gekommen, deren Körpertemperatur zu messen.

Man wird einwenden, bei einem Wettritt würde das Messen der Temperatur einen erheblichen Zeitverlust bedeuten. Bei einer Konkurrenz aber, die der Erziehung von Kampagnereitern und Patrouillenführern für den Krieg dienen soll, müßte auf den Kontrollstationen dafür Sorge getragen werden, daß das Feststellen der Körpertemperatur ohne wesentlichen Aufenthalt geschieht.

Bei dem Raid Lyon-Vichy wurde unter zweiundzwanzig Pferden, die das Ziel in Vichy passierten, in zwei Fällen eine Temperatur über 40° konstatiert; während das eine von diesen beiden Pferden sich durch Anwendung von Massage und lauwarmem Zuckerwasser noch am selben Tage erholte, verendete das andere tags darauf an Lungenentzündung, wie schon gesagt, als einziges Opfer.

Dieses außerordentlich günstige Resultat war die Frucht systematischen Trainings. Wie aber ist nun all den vorher geschilderten Übeln abzuhelfen? Der Hauptfehler liegt in Tempo und Gangart. Je schneller, desto verderblicher wirkt der Trab. Die allzu häufigen regelmäßigen Muskelzusammenziehungen verbrauchen die Kraft, die Wärme, das Blut. Die Schnelligkeit der Bewegung beschleunigt Atem und Herztätigkeit. Dem muß durch Wechsel der Gangart vorgebeugt werden. Die natürliche Gangart des Pferdes in der Freiheit ist der Galopp. Der Trab dient lediglich zum Ausparieren. Er ist eine künstliche Gangart, ähnlich wie der Paß eine solche ist, und geboren aus der Bequemlichkeit des Menschen. Alle Naturvölker, die Reitervölker Asiens, Nordafrikas, Amerikas bevorzugen sämtlich den Galopp, ja gebrauchen ihn allein. Auch unsere hervorragendsten Kavalleristen plädierten von je für ihn. Von General v. Rosenberg stammt das Wort: „Habe ich Zeit, so reite ich Schritt, habe ich Eile, so reite ich Galopp." Der Galopp ist eine viel weichere, angenehmere Bewegung und ermüdet auf durchlässigem Pferde den guten Reiter weit weniger als der Trab, der auf weite Strecken nicht in der notwendigen Versammlung und Haltung geritten

werden kann. Durch Rechts- und Linksgaloppieren wird dem
Pferde eine Abwechslung im Gebrauche seiner Muskeln gestattet
und in einem ruhigen, gleichmäßigen Galopp atmet das Pferd
überdies viel ruhiger und strengt daher auch sich weit weniger an;
es fängt die Bewegung des Reiters mit aufgewölbtem Rücken
elastischer ab, als es im Trabe möglich, und da es durch den
natürlichen, vom Galopp gegebenen Schwung bedeutend leichter

Am Ziel.

im Gleichgewicht und in Weichheit zu erhalten ist, schont es seine
Kräfte wie Knochen- und Gelenkbänder ganz erheblich. Der
Galopp setzt endlich die Muskeln weit seltener in Bewegung als
der Trab, und zwar im Verhältnis von 2 : 3; entsprechend ist
es auch mit dem Atem. Um eine Strecke, die das Pferd mit
100 Galoppsprüngen bedeckt, im Trabe zurückzulegen, sind also
150 Trabtritte erforderlich.

Auch durch Wahl im Wechsel des Tempos muß der Reiter
dafür sorgen, daß die gespannten Muskeln sich wieder lösen. Die
Erfahrungen des Berlin-Wiener Rittes und des Raids Brüssel-

Oftende lehren gebieterisch, wie wichtig es ist, daß der Distanz=
reiter den Organismus seines Pferdes genau kenne. Hätte man
sich die Rolle, die Blutzirkulation und Atmung darin spielen,
besser vergegenwärtigt, wie viele jener traurigen Erfahrungen
wären nicht gemacht worden! Ein ganz kurzer Trab von etwa
200 m in der Minute gewährt dem Pferde die gleiche Erholung
— wenn nicht eine größere — wie ein eiliger Schritt. Der Zeit=
gewinn gestattet, einige Minuten zu rasten. Man trabt: ent=
weder um weit zu reiten oder um dem Pferde eine Erholung
zu gönnen. In beiden Fällen wäre es verkehrt, rasch zu traben.
Man vergegenwärtige sich nur einmal das Bild des Renntrabers,
wie er mit hochgerissenem Kopfe den Kilometer in anderthalb
Minuten dahinsaust. Es wäre eine Qual für den Reiter, 100 km
auf solchem Tier zurücklegen zu müssen, aber auch dieses selbst
würde schwerlich in ähnlichem Tempo mehrere Stunden ausdauern.
Um nicht in Galopp zu fallen, wirft der Traber seinen Schwer=
punkt auf die Hinterhand; das Vorschnellen der gesamten Körper=
last setzt deren Muskeln in ständige Spannung. Im weichen,
schwungvollen Galopp löst sich die Zusammenziehung der Muskeln
bei jedem Sprunge. Trotz der beschleunigten Atmung wird des=
halb eine Störung der Blutzirkulation im Galopp später eintreten
als im starken Trabe. Sache des Trainings ist es überdies, die
Atmungsorgane entsprechend zu kräftigen, und außerdem werden
Bodenbeschaffenheit, Steigungen usw. oft genug dazu nötigen,
den Galopp zu unterbrechen. In solchen Fällen reduziere man
das normale Trabtempo von 220 auf 190 m in der Minute. In
diesem Tempo steigt die Temperatur kaum merklicher als im
Schritt, das heißt Muskulatur und Atmung werden um nichts
mehr angestrengt. Im starken Trabe steigt die Temperatur sehr
rasch, während ein ruhig gerittener Galopp sie innerhalb einer
Stunde nur um etwa $1\frac{1}{2}$ Grad erhöht. Angesichts dieser über=
zeugenden Tatsachen kann ich nicht umhin, nochmals an einen
Ausspruch des verewigten Generals v. Rosenberg zu erinnern:
„Es gibt noch eine Menge Leute, die mit dem Galopp den Be=
griff einer Extravaganz verbinden. Selbst in der Armee würde
man für das Pferdematerial schonender verfahren, wenn man
den beruhigten, langsamen Galopp auch für längere Strecken statt

des scharfen Trabes in Anwendung brächte. Für den heutigen Reitgebrauch ist der Trab zur Not noch die entbehrlichste Gangart. Wenn Reiter und Pferd den Galopp als eine nützliche Gangart für den täg= lichen Ge= brauch zu be= trachten ge= lernt haben, so werden sie selbst auf weite Strecken damit ebenso bequem, wenn nicht be= quemer fort= kommen als im Trabe."

Während das Trab= tempo für alle Pferde normal das gleiche sein sollte, richtet sich im Ga= lopp das Tempo nach dem Pferde, seinem Ge= bäude, Tem= perament usw. Normal ist ein Sprung von etwa 400 m in der Minute. Das individuelle

Einholung des Ehrenpreises für das Regiment des Siegers. (K. franz. Dragoner in Sédan.)

Tempo seines Pferdes muß der Reiter in der Arbeit heraus=
fühlen, um Lungen und Muskulatur daran zu gewöhnen.

Wie gefährlich es ist, bei der Ausführung des Rittes über
das durch die Vorbereitung sichergestellte Leistungsvermögen hinaus=
zugehen, zeigt der Distanzritt Berlin-Wien. Die meisten Opfer
wurden dadurch verursacht, daß man deutscherseits im 10 km=
Tempo trainiert hatte und angesichts der Starhembergschen Leistung
unterwegs die Kilometerzahl in der Stunde verdoppelte.

So haben die französischen Reiter den Galopp zur Haupt=
gangart erhoben, nur häufig ihn durch kurze Reprisen gehaltenen,
ruhigen Trabes unterbrochen. In der Arbeit bilden lange, ver=
sammelte Trabs dem Pferde kräftige Muskulatur aus, Galoppieren
an der Hand kräftigt Nieren und Lungen, ohne die Beine anzu=
greifen. Nur auf hartem, steinigem und ungleichmäßigem Boden
ist das Galoppieren zu vermeiden, denn Hufe, Sehnen und Ge=
lenke lassen sich ungestraft ebensowenig an Erschütterung gewöhnen,
wie der Magen an Hunger. Das Pferd soll so frisch wie möglich,
in voller Elastizität und mit einem Überschuß an Kraft vor die
Prüfung gestellt werden. Da das Pferd auf hartem Boden
nicht leicht ermüdet, so wird es sich oft empfehlen, auf der Mitte
der Straße zu galoppieren und auch in der Arbeit harten, doch
elastischen Boden aufzusuchen. Voraussetzung bleibt freilich, daß
das Pferd weich und durchlässig galoppiert und der Reiter sich
dieses Namens würdig zeigt. Dann wird das Galoppieren auch
auf der Chaussee, was in der Vorbereitung nicht die Regel sein
darf, absolut nicht schaden. Sind doch die Pferde der Natur=
reitervölker gewöhnt, mit unbeschlagenem Hufe selbst auf Fels=
gerölle zu galoppieren.

Von Zeit zu Zeit, etwa stündlich, empfiehlt es sich, einen
Halt von einigen Minuten zu machen, um die Muskeln, das
Herz, die Lunge sich einen Augenblick gänzlich erholen zu lassen
und dem Organismus neue Kohle zuzuführen.

Um einem Pferde die außerordentlichen Anstrengungen eines
Distanzrittes und des vorhergehenden Trainings zu ermöglichen,
gilt es zunächst ein Nahrungsmittel zu finden, das schnell ver=
daulich, sich sogleich dem Blute überträgt und die sich schnell ver=

brauchende Muskelsubstanz ebenso schnell wieder ersetzt. Dieses Zaubermittel aber heißt „Zucker".

Und zwar der schnelleren Zufuhr ins Blut und beschleunigten Verdauung halber in flüssigem Zustand verabreicht. Eine Lösung von 100 g auf den Liter Wasser hat sich am besten bewährt.

Ehren-Diplom für den Sieger.

Vergegenwärtigt man sich die Bedeutung von Atmung und Blut= zirkulation, so folgt ohneweiters die Notwendigkeit, dem Pferde bei der Vorbereitung, wie auch bei der Ausführung des Rittes selbst solche Stoffe zuzuführen, welche der Blut= und Muskel= erzeugung dienen. Während der Ruhe führt das Blut den Muskeln die nötigen Stoffe zur Neubildung zu. Werden diese durch rasche Bewegung vorzeitig erschöpft, so ergänzen sich die

Muskeln aus sich selbst, das heißt aus den in den Muskelzellen befindlichen Eiweißstoffen. Dadurch wird die Energie, deren das Pferd zu seiner Fortbewegung bedarf, gebunden. Die Anwesenheit des kohlenhydrathaltigen Zuckers im Blute verhindert die Aufzehrung der zur Muskelerzeugung unentbehrlichen Eiweißstoffe und beschleunigt den Verbrennungsprozeß, befördert mit anderen Worten Blutumlauf und Herztätigkeit. Das läßt das Pferd Anstrengungen leichter ertragen und verhütet, daß es vom Futter abfällt. Daß Zucker Durst erzeuge, ist ein Vorurteil. Vielmehr unterdrückt er diesen, indem er die Schweißabsonderung verringert und die Verdauung fördert. Auch wird der Zucker mit dem Futter des Pferdes vermischt und in Form von reiner Melasse — Zuckersyrup — und paille melassé gegeben, so daß in der letzten Zeit vor dem Ritt Vaufils Pferd 3 kg pro Tag fraß. Allein diese Menge beweist, wie steigerungsfähig die Nahrungsaufnahme bei sachgemäßer Arbeitseinteilung ist. Wenn es in deutschen Fachblättern einfach angezweifelt worden ist, daß ein Pferd diese Futtermenge nebst 20 und mehr Liter Hafer annimmt, so bedeutet ein solcher Einwand den tatsächlich gezeigten Leistungen gegenüber nicht nur nichts, sondern würde sogar zutreffendenfalls den Wert derselben eher noch erhöhen. Übrigens gibt es auch genug Rennpferde, die im hohen Training ihre 20 Liter Hafer vertilgen. Ist also Zucker der Saft, der Wunder schafft, so tut's andererseits Zucker allein freilich nicht.

Zu einer sachgemäßen Vorbereitung gehört vor allem eine entsprechende Stallpflege und -Überwachung. Dazu rechnet auch der Beschlag. Es hat sich ein Beschlag mit Stahleisen am besten bewährt. Solche Stahleisen nutzen sich kaum ab. Schon mehrere Tage vor dem Ritt lasse man neue Eisen auflegen. Geht es sich doch auch in ganz neuen Schuhen weniger gut, als in schon getragenen.

Daß der Reiter sich mit allen Details auf das eingehendste befassen muß und sich nicht auf Burschen und Schmied allein verlassen darf, ist klar. Er muß ebensowohl ein Eisen aufzuschlagen verstehen, als er sich auch um das Passen von Sattel und Sattelzeug, das regelmäßige Füttern, Zu- und Abnahme des Appetits seines Pferdes während der Vorbereitung sowie um

dessen Bein- und Hufpflege, Bandagieren und Massieren be=
kümmern muß. Es liegt auf der Hand, daß gerade diese Punkte
mindestens die Aufmerksamkeit erfordern, die der Infanterist seinem
Schuhzeug und seiner Fußpflege widmet. Die Erfahrungen,
welche der Offizier während des Trainings namentlich hinsichtlich
der Pferdegesundheitspflege sammelt, die Massage der Beine
mit warmem Öl, Einreibungen mit heißem Essig, Klei=
umschläge und ähnliches, was der Distanzreiter am eigenen

Oblt. Sommerhoff (21. Drag.) auf Diamant über dem Tor
im Drahtzaun in Frankfurt a. M. (Sportausstellung) 1910.

Pferde erprobt, werden später, in verantwortlicher Stellung, der
Truppe zugute kommen. Nichts ist vielseitiger und lehrreicher,
als die Beobachtungen, die sich dem Distanzreiter aufdrängen:
sie betreffen die Stallpflege, den Beschlag, den gesamten Pferde=
organismus, kurz alles, was der Offizier von unserer vornehmsten
Waffe, dem Pferde, wissen muß, um seinen Leuten Vorbild zu
sein. Seine Sorge wird ihn, nicht zu seinem Nachteil, bis zu
Gebieten führen, die eigentlich bereits der Veterinärkunde an=
gehören, und erst dann wird ihm der innere Zusammenhang der
Erscheinungen beim Pferde gänzlich klar werden und somit erst

14*

vollstes Verständnis reifen. Durch die Ritte selbst aber und
durch die Vorbereitungen zu denselben wird er zu gesundem, ge-
regeltem Lebenswandel und zur Entfaltung höchster Reiterenergie
gezwungen und durch geschickte Terrainbenützung Gefühl für das
Tempo und vor allem Beurteilung der Kräfte seines Pferdes lernen.

Was die eigentliche Vorbereitung des Pferdes selbst an-
betrifft, so besteht diese nicht etwa aus regelmäßig von Zeit zu
Zeit unternommenen längeren Ritten, sondern sie gestaltet sich
ebenso natürlich und abwechslungsreich wie einleuchtend. Daß
ein gemästetes, arbeitsungewohntes Tier zu jeglicher Leistung un-
tauglich, ist bekannt. Man wird in der Regel auch nur solche
Pferde zur Vorbereitung auf größere Ritte wählen, die als
Jagdpferde oder wie unsere Soldatenpferde durch den täglichen
Dienst, Bahnreiten, Exerzieren, Felddienst usw. bereits in einer
für den kriegsmäßigen Gebrauch ausreichenden Kondition sich befinden. Zu den Raids sind durchaus keine anderen oder gar besonderen Pferde benützt worden. Es wäre völlig verkehrt, ein
spezielles Raidpferd abrichten zu wollen. Alle Pferde sind das,
was man aus ihnen macht. Erhöhte Leistungen aber — und
nur durch solche erwirbt man höhere Erkenntnis auch für den
einfachen Gebrauch — erfordern auch eine weitläufigere Vorbereitung. Die Pferde müssen an den langen Aufenthalt und
die andauernde Arbeit in der frischen Luft gewöhnt und abgehärtet
werden. Sechs bis acht, manchmal zehn Stunden täglich Draußen-
sein sind die Grundlage der Vorbereitung. Die Arbeit auf der
Chaussee und auf dem Reitweg, dem Exerzierplatz usw. muß
durch Lektionen in der Reitbahn, durch Springen an der Hand
wie unter dem Reiter, Benützung zum Dienst und dergleichen
unterbrochen werden. Die Abwechslung erhält das Pferd frisch
und gehlustig. Die Hauptsache ist, daß die Arbeit sich logisch
und konsequent steigert und die Muskeln jedes einzelnen Körper-
teiles gleichmäßig entwickelt werden. In letzterer Hinsicht ist
ausgiebige Schrittarbeit besonders förderlich. Trainieren ist eine
Kunst, ein Schema läßt sich daher für die Vorbereitung zum
Distanzritt ebensowenig geben, wie für den Training des Renn-
pferdes. Die Individualität des Pferdes wie die nähere Art
der bevorstehenden Prüfung geben für die Bemessung der Arbeit,

wie der täglichen Futterration den Ausschlag. Grundsätzlich sollte die Arbeit sich in den frühen Morgenstunden abspielen und in einer Reprise abgetan werden. Wird dies schon durch die

Szene vom französischen Raid Nittel-Nittel. („Au trott gymnastique.")

Rücksicht auf das Stallpersonal gefordert, so ist es noch wichtiger, daß dem Pferde die zur Aufnahme eines erhöhten Futterquantums unerläßliche Ruhe im Stalle gewährt wird. Dann wird der Training auch auf das Temperament des Pferdes von günstigem Einfluß sein. Meist waren es Chargen= oder zum Dienstgebrauch eingestellte Pferde, die zu jenen Ritten gebraucht wurden. Da die französischen Remonteankaufs=Kommissionen vielfach junge, billige Vollblutpferde als Offiziers=Chargenpferde ankaufen, ist das französische Kavallerie=Offizierskorps ganz hervorragend be= ritten und steht in seinen sportlichen Einrichtungen auf einem geradezu vorbildlich gesunden Boden.

Diese Chargenpferde erfüllen gleichzeitig ihren Dienst, ge= winnen Militär=Steeple chases um wertvolle Ehrenpreise auf den größten Rennbahnen und beteiligen sich an Schulreit= und Spring= konkurrenzen, sogenannten Parcours über schwierige Jagdsprünge, ferner an prix de championat de cheval d'armes de l'armée. Alles durch staatliches und militärisches Entgegenkommen im In= wie Auslande ohne erhebliche Kosten für die Offiziere.

Allein diese militärsportliche hohe Vorbildung brachte es auch dahin, daß in dem schwierigen Training zu den großen Raids nach allen Regeln der Kunst gearbeitet und vor allem vermieden wurde, die Pferde zu ermüden.

Erscheint es doch dringend notwendig, den Pferden gesunde Frische und eine gewisse charakteristische Individualität zu erhalten.

Dies wurde nun hauptsächlich erreicht durch häufiges Fort= lassen des Gewichtes. Wie während der Raids die Reiter ihre Pferde bei allen merklichen Steigungen und Fällen der Route an der Hand sowohl im Schritt als auch im Trabe führten und dadurch die Strapazen des Pferdes auf Rechnung der eigenen minderten, so vollzog sich auch ein großer Teil der Arbeit, haupt= sächlich das Eingaloppieren für die langen Reprisen ohne Reiter= gewicht, ausgebunden an der Hand eines daneben galoppierenden Begleiters. So wurde die weitestgehende Schonung mit der Er= reichung einer ganz außergewöhnlichen Kondition verbunden. Alles das klingt so unglaublich einfach und ist doch ebenso neu für uns. Die alte Geschichte vom Ei des Kolumbus.

Interessant ist die Zusammenstellung der letzten Vorbereitung, die Bausil seinem Pferde Midas zehn Tage vor Paris-Deauville gab. Das Pferd wurde 10 km zum Exerzierplatz im Schritt hinausgeführt. Dort ritt es Bausil viermal je zehn Minuten Galopp in seinem gewohnten 400 m-Tempo mit dazwischen eingelegten Trabreprisen von je fünf Minuten und absolvierte so in 56 Minuten 20 km. Dann wurde während einer Rast von vier Minuten Zuckerwasser getränkt, und nun an der Hand stündlich abwechselnder Führpferde, die Bausil des eigenen Trainings wegen persönlich ritt, in den gleichen Reprisen und Zwischenpausen weitere 60 km in drei Stunden zurückgelegt.

Zum Schluß ging das Pferd 10 km, im Schritt geführt, in den Stall. Nach dieser Tagesleistung hatte Midas kein nasses Haar und zeigte bei alter Frische auch unverminderte Freßlust.

Bei den Führpferden, die aus dem Bestande von Bausils Schwadron genommen waren, zeigte es sich, daß ein Pferd im gewöhnlichen Exerziertraining in beschriebener Weise bis zu 60 km innerhalb drei Stunden ohne Übermüdung zurückzulegen imstande ist. Im Trabe wäre dies ganz unmöglich.

Auch der Raid Upsala-Stockholm, der am 6. Februar 1905 von schwedischen und dänischen Kavallerieoffizieren ausgeführt wurde, hat die Richtigkeit dieses Trainings und die Wunderkraft des Zuckers glänzend erwiesen.

Mit einer einzigen Ausnahme langten sämtliche 21 Teilnehmer im schwungvollen, elastischen Galopp am Ziel an und absolvierten auch die, 48 Stunden nach Ankunft stattfindende Konditionsprüfung, einen 2000 m-Jagdgalopp auf dem Eise mit völlig frischen Pferden.

In dem erwähnten Ausnahmsfall traf das Verschulden den Reiter, der die ersten 35 km, das heißt die Hälfte der Gesamtstrecke, in einer Stunde vier Minuten zurückgelegt hatte.

Die Mehrzahl der Konkurrenten hatten während der Vorbereitung Zucker bis zu täglich sechs Pfund gefüttert. Die auf der Reitschule zu Strömsholm trainierten Dienstpferde erhielten bei ihrer Ankunft am Ziel sofort zwei Liter Zuckerwasser. Acht Tage später absolvierten dieselben Pferde nach einer 8 km-Schleppjagd auf der Reitschule — einen Parforceritt von 70 km

in durchschnittlich drei Stunden, der bei keinem der Tiere nach=
teilige Folgen hinterließ.

Bei dem bekannten Ritte Saarbrücken-Rom kam das Skelett
von einem Pferde mit eiterbeuligen Sporenlöchern in nahezu er=
schöpftem Zustande am Ziele an, und auch das Pferd, das von
Metz nach Bukarest geritten wurde, konnte zum Schlusse nicht
mehr geritten, sondern mußte die letzten 40 km geführt werden!

Als der beste deutsche Distanzritt ist derjenige des Leutnants
Zürn von den 18. sächsischen Husaren, dem Sieger von Leipzig-
Dresden, anzusprechen, der die 130 km betragende Entfernung
in sechs Stunden auf der Beberbecker Stute Thekla zurücklegte
und dabei meistens Galoppreprisen von einer halben Stunde ritt.

Diese reiterliche Tat wurde ohne Zuckernahrung vollbracht.
Das beweist, daß derartige Leistungen nicht ausschließlich vom Zucker
abhängig sind. Wenn auch gerade dieser das Pferd frisch erhält, so
wird es doch im Kriege nicht immer möglich sein, Zucker zu füttern.

Die Hauptsache bleibt also die Einteilung der Reprisen und
Pausen sowie Anwendung des ruhigen Galopps.

Daß eine Patrouille an einem Tage mehr als 100 km zurück=
zulegen haben wird, dürfte wohl selbst im Kriege kaum je vorkommen,
wohl aber solche Strapazen an mehreren Tagen hintereinander.

Unsere Kaiserpreisritte.

In keiner anderen Armee wird in so weitem Umfange das Distanzreiten gepflegt, wie in der unseren. Selbst die österreichischen Kameraden beneiden uns um unsere jährlichen armeekorpsweisen Kaiserpreisritte.

Um so weniger kann man eigentlich verstehen, warum uns die Anderen in sportlichen Veranstaltungen großer Fernritte überflügelt haben. Daß dies aber momentan so ist, daran kann kein Einsichtiger zweifeln, und es hieße Vogelstraußpolitik treiben, wollten wir uns in engherziger Eitelkeit dieser Tatsache verschließen.

Auch ein Fernbleiben unserer Reitergrößen von den internationalen Veranstaltungen wird auf die Dauer sich nicht durchführen lassen.

Wir müssen also auf Mittel und Wege

Rittm. v. Oesterley (Mil. Reit-Inst. Hannover) auf Rädelsführer (deutsches Halbbl.).

sinnen, wie wir das verlorene Terrain wiedergewinnen können.

Von sportlicher Seite sind daher in richtiger Erkenntnis der Tatsachen bereits einige „Raids", wie es auch die Franzosen

nennen, ausgeschrieben und geritten worden. Voran die Frankfurter Patrouillenritte des Poloclubs, dann München mit seinem
Regentenpreis, Hannover, Stuttgart und andere. Ferner die bekannten Königsberger Fernritte und endlich — last not least —
das leider noch nicht wiederholte Cottbuser 20 km-Querfeldein-
Jagdrennen. Weitere derartige Veranstaltungen werden gewiß
nicht verfehlen, das bei uns noch etwas latente Interesse für derartigen Sport zu beleben und
zu fördern.

Oblt. Frhr. v. Maercken zu Geerath
auf Lilly v. Dagur a. e. Ostpr. Stute.
(Kaiserpreis-Armee-Rekord.)

Aber in der einsichtsvollen
Voraussetzung, daß solche von
privater Seite ausgehenden
Veranstaltungen nicht aus-
reichen werden, den Sinn und
das Verständnis für diese
Dingen in breitere Kreise unserer Kavalleristen zu ver-
pflanzen, haben unsere obersten
kavalleristischen Behörden den
freudigst zu begrüßenden Entschluß gefaßt, durch Änderung
der Proposition den Kaiser-
preisritten ein anderes Gepräge zu geben, das obigen
Bestrebungen entgegenkommt.

Es ist dies eine um so
dankenswertere Initiative, als
gerade diese dienstlichen Ritte geeignet erscheinen, auch dem un-
bemitteltsten Offizier in der entlegensten Garnison durch praktische
Erfahrung Gelegenheit zu späterer Entfaltung vorzüglicher Leistungen auf diesem Gebiete im Ernstfalle zu geben.

Werden unsere Offiziere erst einmal Geschmack an diesen
Raids gewonnen und Erfahrung auf diesem Gebiete gesammelt
haben, so werden zum mindesten einzelne unter ihnen ruhig
unsere Vertretung übernehmen können, wenn wieder einmal ein
moderner Fernritt, ähnlich wie einst Berlin-Wien, in die Schranken
fordern sollte.

Für die neue Art von Ritten sind die leitenden Gesichts-
punkte die:

1. Grundsätzlicher Ausschluß von Dienstpferden;
2. Verringerung der Distanz;
3. Verlegung eines Teils der Strecke ins Gelände.

Lt. v. Auer (2. Garde-Drag.) auf Muse v. General (Halbbl.).
Züchter Schlebrügge, Ostpreußen.

Es sei auch an dieser Stelle gestattet, dazu Stellung
zu nehmen.

Zu 1: Daß in Zukunft nur eigne und Chargenpferde geritten werden sollen, wird sicher hier und dort einen Sturm der
Entrüstung hervorrufen. Dieser Punkt erscheint uns aber gerade
der wesentlichste. Ein zähes, kriegsbrauchbares Pferd, das sich
zu solchen Zwecken eignet, müßte jeder Offizier besitzen. Teuer
sind derartige Tiere in der Regel nicht. Wir glauben sogar,

daß diese Maßnahme die Berittenmachung unserer Offiziere günstig beeinflussen dürfte.

Aber vor allem muß endlich einmal mit der Ansicht gebrochen werden, daß solche Ritte gleichbedeutend mit Aufs-Spiel-Setzen von Gesundheit und Leben der Pferde seien.

Oblt. Frhr. v. Stralenheim (Sächs. Garde-Reiter).

Einem wohlvorbereiteten (das betonen wir stark) Pferd, das mit Verständnis und Schonung geritten wird, darf auch ein forcierter Ritt, wie er von einer Patrouille im Kriege gefordert werden muß, eben nichts schaden. Für unverschuldete Schäden allerdings, wie sie auch auf jeder Jagd einmal passieren können, wäre eine Form von pekuniärem Ersatz (eine dienstliche Offizier-Pferde-Versicherung z. B.) sehr erstrebenswert und — ganz abgesehen von diesen Ritten — nicht mehr als recht und billig. Eine — für den Anfang wenigstens — recht reichlich bemessene Minimalzeit müßte das Ausarten in ein Rennen vermeiden. Durch die ganze Proposition muß vor allem eine Bevorzugung reiner Schnelligkeit des Pferdes vermieden (Königsberg!!) und die Höchstbewertung der Kondition gewährleistet werden.

Der größte Vorteil liegt aber darin, daß der Offizier sich mit der Stall- und Körperpflege seines Pferdes befassen, diese während des gesamten Trainings persönlich überwachen muß und ein ganz anderes Interesse an der Schonung seines Pferdes nehmen wird, als dies zum Teil bisher geschah, als die gesamte Vorbereitung in der Regel in der Hand eines vom Regiment damit betrauten Unteroffiziers blieb. Von mehr Training als gelegentlichen Ritten, einer geringen Hafer-zulage und täglichem langen Schrittbewegen

Oblt. Graf Spretti (4. Chev.) im Sprung über eine fünffache Hürde auf Morenga.
Phot. M. Dietrich, München.

war meist nicht die Rede. Das wird nun hoffentlich alles anders werden. Fütterung, Pflege und Arbeit werden ganz dem Besitzer und Reiter zufallen, der gerade hieraus für seine Schwadronschefzeit goldene Lehren sammeln wird, die nachher den ihm anvertrauten Dienstpferden indirekt zugute kommen werden.

Zu 2: Eine Entfernung von etwa 80 km würde unseres Erachtens vollauf genügen. Viel größere Tagesleistungen werden auch im Kriege kaum je vorkommen. Außerdem bleiben ja noch weitere dienstliche Fernritte möglich, bei denen Gelegenheit bleibt, auch über weitere Entfernungen zu reiten. Mit dieser Ver-

ringerung der Distanz dürften wohl die meisten Herren einver=
standen sein. Auch sie muß wiederum der Erhöhung der Kon=
dition dienen.

Zu 3: Weniger angenehm wird es aber manchem Reiters=
mann sein, die sichere Chaussee verlassen und ein heimtückisches,
hindernisdurchzogenes Gelände aufsuchen zu müssen. Aber der
Ritt wird ein durchaus freiwilliger sein. Gelegenheiten zum
Beweis der Felddienstfähigkeit werden ja auch sonst noch zuweilen

Oblt. Frhr. v. Maercken zu Geerath
auf Starlight (Irland).

geboten. Also: Fort mit dem Chausseetrabrennen und hinein in
das Gelände im frischen, fröhlichen Galopp. Das entspricht erst
kriegerischen Verhältnissen. Denn eine Patrouille wird oft die
Straße besetzt finden und vom Feinde querbeet gejagt werden
und selten auch von der Chaussee aus etwas sehen, beobachten
und melden können.

Hierzu bieten sich nun die schönsten Gelegenheiten, alle Vorzüge des gewiegten Jagdreiters praktisch zu verwerten. Dieser
Teil des Ritts, bei dem auch Findigkeit im unbekannten Gelände
erprobt wird, läßt sich von geschickten Händen abwechslungsreich

Oblt. v. Roon (1. Garde-Drag.) auf Harras.
Sieger im Kaiserpreis des Berlin-Potsdamer Reitervereins.

und reizvoll genug gestalten. Geeignete Kräfte zu diesen —
umfangreichen und durchaus nicht einfachen — Vorbereitungen
finden sich überall. Diese Herren dürfen dann selbstverständ-
lich an dem Ritt selbst nicht teilnehmen. Schon dieser Umstand erheischt eine andere Zusammensetzung der Kommission

als bisher. — Die taktische Aufgabe läßt sich ebenfalls ins Praktische übertragen (wirkliche Truppen, die eine Stellung besetzt haben, Marschkolonnen, Vorposten usw.). Schiedsrichter in Automobilen oder zu Pferde hätten die Reiter zu beobachten und zu überwachen. Auch die Hindernisse lassen sich so anlegen, daß sie unter den Augen von Preisrichtern absolviert werden müssen.

Betrachtungen zu der neuen Art der Kaiserpreisritte.

Als man sich von leitender Stelle aus entschloß, die bisherige, langjährige Art der Ritte um den Ehrenpreis des Obersten Kriegsherrn in den einzelnen deutschen Korps in eine neue, mehr den Erfordernissen moderner kavalleristischer Tätigkeit im Felde entsprechende Form umzuwandeln, da mag — ganz in dem Sinne, in dem auch das

Lt. Richard (21. Drag.) auf Stella.

Deutsche Offizier=Blatt mehrfach diese Frage behandelt hat — die Absicht mitgewirkt haben, das Verständnis und die Passion für derartige Patrouillenritte auch bei uns allmählich auf eine solche Höhe zu bringen, wie man sie an den großen Ritten anderer Nationen in den letzten Jahren nur bewundern konnte.

Unzweifelhaft hat man also einen Fortschritt im Auge gehabt, als man die Entfernung der Ritte um reichlich ein Drittel der bisherigen Kilometeranzahl kürzte und einen Teil des Ritts von der Straße weg in das Gelände verlegte.

Worin sollte nun dieser Fortschritt bestehen?

Bisher hatten unsere Offiziere, meist auf Dienstpferden beritten, Strecken von etwa 120 bis 150 km fast ausschließlich auf gebahnten Wegen in verhältnismäßig kurzer Zeit, vorwiegend im schlanken Trabe, zurückgelegt und dabei eine taktische Erkundungsarbeit zu lösen gehabt.

Allein der Fortfall dieser militärischen Aufgabe weist unzweideutig darauf hin, daß fortab der Schwerpunkt der Leistung mehr oder vielmehr ausschließlich im reiterlichen Sinne gesucht werden sollte.

Ein Fortschritt schien nur denkbar, wenn unsere Offiziere daran gewöhnt wurden, sich mit den schwierigen Fragen der Vorbereitung und Ausführung eines solchen Ritts persönlich, und zwar im eignen Stalle zu beschäftigen, wenn sie angeregt wurden, die höchste Leistungsfähigkeit ihres Pferdes bei der größten Schonung und Erhaltung des Materials erkennen und ausnutzen zu lernen.

Es bedeutete dies zudem einen Appell an ein den Erfordernissen des Krieges entsprechendes Berittensein besonders derjenigen Kavallerieoffiziere, denen im Ernstfalle die ungemein wichtige und verantwortliche Tätigkeit des Patrouillenführers obliegt.

Daß diesen Anforderungen, die durchaus zu stellen waren, bei richtigem Sachverständnis und vor allem genügender, erfahrungsammelnder Vorbereitungsarbeit entsprochen werden konnte, ohne die Geldbörse mehr als bisher zu belasten, darüber sind sich alle Männer der Praxis durchaus klar. Es fehlt allerdings noch an dem Gebäude der Schlußstein, nämlich die Einführung der staatlichen Entschädigung bei unverschuldet anläßlich dieser Ritte eintretenden Schaden. Es ist dies aber wohl nur noch eine Frage der Zeit, wenn von allen Stellen auf dies durchaus notwendige Erfordernis der neuen Richtung unentwegt hingewiesen wird.

Etwas anderes ist es damit, wie es in Wirklichkeit mit dem entsprechenden Berittensein der in Betracht kommenden Offiziere aussieht. Es ist wohl nicht zu viel gesagt, wenn man behauptet, daß die Zusammenstellung nicht aller Offizierställe — wenigstens mit dem einen eignen Pferde, das der Kavallerieoffizier neben seinem Charger zu halten verpflichtet ist — so ganz den Erforder= nissen eines modernen kriegsmäßigen Patrouillen=Geländerittes entsprochen hätte. Nun, wir befinden uns eben noch in dem Stadium des Übergangs und der Gewöhnung aus alten lieb=

Rittmeister Willmer, Reitlehrer an der Münchener
Equitations=Anstalt, beim Geländereiten.

gewordenen Verhältnissen heraus, und das geht bekanntlich nicht stets ganz so schnell, wie man vielleicht wohl möchte. Es ist ja auch nicht nötig von heute auf morgen mit rigorosen Maßregeln Neuerungen einzuführen. Das wird sich im gewünschten Sinne ganz von selbst machen, wenn es verstanden wird, den Ehrgeiz und die Passion unserer Reiteroffiziere geschickt in die richtige Bahn zu lenken.

Ein ausgezeichnetes Mittel, von vornherein ein gefährliches Tempoforcieren und Rennen zu vermeiden, ist die bei uns ein=

geführte Firierung einer Minimalzeit, unter der nicht geritten
werden soll. Diese Minimalzeit wird im allgemeinen in bergigem
Terrain auf gebahnten Wegen auf etwa 80 km für das Kilometer
5 Minuten betragen, eine immerhin ganz gute Zeit, wenn man
alle Aufenthalte und Pausen darin miteinbezieht. Wo nur Ebene
zur Verfügung steht und womöglich überall schöne sandige Sommerwege die Straßen begleiten, ist diese Zeit natürlich viel reichlicher,
als auf die steinigen, harten, oft schlechtgehaltenen Straßen ge-
birgiger Gegenden übertragen. Zur Querfeldeinstrecke wird man
— abgesehen von besonders ungünstigen Geländeverhältnissen, wie
wochenlang durch Regen aufgeweichter Boden, der naturgemäß
mehr Zeit beansprucht — für das Kilometer 3 Minuten festsetzen
dürfen. Nun ist die bei uns allgemein übliche Formulierung
dieser Minimalzeit-Einschränkung nicht ganz klar und gibt zu verschiedenartigen Auslegungen Gelegenheit. Es heißt da: „Schnelleres
Reiten wird nicht bewertet, wenn die Kondition des Pferdes
darunter leidet." —

Wenn die Kondition aber nicht unter dem schnelleren Reiten
leidet, wird der kürzere Ritt doch meist besser bewertet. Andererseits erlaubt obige Fassung auch ein willkürliches Überschreiten
der Minimalzeit, ohne dadurch — wenigstens theoretisch — von
der engeren Konkurrenz ausgeschlossen zu sein. — Besser wäre
hier schon die Firierung einer Maximalzeit, deren Überschreiten
die Gewinnaussichten mindestens verringerte. Hält sich diese Zeit
in dem vorhin erwähnten Rahmen, so kann von einem Rennen
hier keine Rede sein. Die Schwierigkeit der Strecke muß andererseits schon von selbst ein wesentlich schnelleres Reiten ausschließen.
Dies gilt besonders von der Querfeldeinstrecke. Wer genau die
vorgeschriebene Zeit einhält, hat am besten geritten, wer wesentlich
schneller ritt, die Kräfte seines Pferdes unnütz für vielleicht — im
Kriege — noch bevorstehende Strapazen voraus verausgabt.
Dieser Gedanke muß klar und unzweideutig zum Ausdruck gebracht
werden und seine Bestätigung auch in der auf den Ritt folgenden
Konditionsprüfung finden. Ist die Nachprüfung richtig angelegt,
so wird es auch nur im Interesse jedes Reiters liegen, sein Pferd
für diese ausschlaggebende Hauptprüfung unterwegs zu schonen
und frischzuerhalten. Wir befinden uns, wie gesagt, anderen

Nationen gegenüber in diesen Dingen ja noch in den Anfangs=
stadien und haben in diesem Jahr zum erstenmal nach der neuen
Manier geritten; es ist aber nicht nötig, hier mühsam erst
Erfahrungen zu
sammeln, die
anderswo längst
Gemeingut ge=
worden sind.

Was bei unse=
ren Ritten fehlt,
ist genügende Be=
tonung der Kon=
dition und vor
allem ein systema=
tisches Hin=
arbeiten auf eine
solche.

Das Training
zu solchen Ritten
besteht nicht etwa
in häufigen und
forcierten Ge=
waltritten, son=
dern in einer unter
größtmöglicher
Schonung und

Lt. Herzog Franz Josef in Bayern
im Sprung über eine Gehorsamshürde.
Phot. D. Voß, Hamburg.

allersorgfältigster Stallpflege erzielten allmählichen
Gewöhnung an lange, ruhige Galoppreprisen, ähnlich wie
man das Rennpferd nicht vor dem Rennen müde hetzt, sondern
durch allmähliche Kanterarbeit auf die bevorstehende Leistung
vorbereitet. Dabei wird hier das gut durchgerittene, gehor=
same, ruhige Pferd ganz besonders im Vorteil sein. Ich
brauche demjenigen, der selbst schon Pferde zu Rennen oder
Distanzritten wirklich systematisch vorbereitet hat, so daß sie
dabei an Muskulatur und Freßlust zunahmen, nicht mehr zu
sagen, es ist auch hier nicht der Rahmen dazu; im übrigen möchte
ich aber die, die hier noch Belehrung suchen, auf die Berichte

des französischen Capitaines Baufil und die Ausführungen des österreichischen Leutnants Béla v. Wodianer besonders hinweisen, die in ihrer Art das Größte und Epochemachendste auf diesem Gebiete selbständig und unabhängig voneinander geleistet haben, was sich überhaupt denken läßt.

Man muß schon aus diesem Borne schöpfen, wenn man hier zu Fortschritten gelangen will.

Hat man nun bei uns durch Kürzung der Distanz und Wegfall der taktischen Geländeaufgabe die Kaiser= preisritte leichter gestalten wollen?

Ich glaube, nach dem Vorhergehenden kaum noch die Ver= neinung dieser Frage betonen zu brauchen. Ein Rückschritt auf einem Gebiete, auf dem wir notorisch hinter anderen Armeen zurück sind, ist sicherlich nicht beabsichtigt worden. Vor allem dürfte die Kürzung der Distanz keineswegs als eine Konzession an die nunmehr vorwiegend zu reitenden eignen oder Chargen= pferde anzusehen sein. Im Gegenteil, man müßte diesem aus= gewählten Material, das den Führer im Kriege als leuchtendes Vorbild reiterlichen Schneids den Mannschaften vorantragen soll, eher höhere und schwierigere Aufgaben stellen.

Worin liegt nun der Ersatz an Schwierigkeit des Ritts an Stelle der gekürzten Kilometerzahl?

Nicht allein, unseres Erachtens, in der wohl etwas gegen früher gekürzten Minimalzeit auf das Kilometer — dafür ist ja auch die Strecke gut ein Drittel kürzer —, sondern vielmehr in der, neuzeitlichen Anforderungen mehr entsprechenden abwechselnden Art des Rittes, zum Teil im Gelände!

Es ist hierbei durchaus nicht nötig, daß nur eine einzige, jagdartige Querfeldeinstrecke eingelegt werde, sondern man kann z. B. unter Zugrundelegung einer taktischen Idee wiederholt unter= wegs verlangen, daß von der Straße abgewichen und im Gelände geritten wird. Z. B. wären in einer gewissen Zone keine Wege und Straßen und keine Brücken zu benutzen. Oder ein größerer Wald, dessen Hauptstraßenzüge vom Feinde gesperrt sind, wäre außerhalb der bestehenden Wege zu passieren. Dergleichen, an Findigkeit und Orientierungsfähigkeit des Offiziers hohe Anforde=

rungen stellende anregende und abwechslungsreiche Einlagen lassen sich überall mit einiger Natürlichkeit machen.

Das hätte den weiteren Vorteil, daß mehr Galopp, die ge= gebene Gangart im Gelände, geritten und der Trab auf den

Ein unfreiwilliges Bad.

Straßen dann entsprechend verkürzt würde. Haltung des Pferdes und Sitz und Einwirkung des Reiters, Straßenfrömmigkeit des Pferdes wären von besonderen Preisrichtern, möglichst im Auto= mobil, nach Art unserer großen privaten Geländeritte, aus denen viele und gute Erfahrungen gezogen werden können, zu prüfen und zu beurteilen.

Die Hauptstrecke querfeldein hätte dann etwa 10 km zu um=
faßen und eine ausgeflaggte Jagdbahn mit nicht zu leichten, natür=
lichen, aber abwechslungsreichen Hindernissen darzustellen, unter
denen auch das eine oder andere Anforderungen an unbedingten
Gehorsam und Wendigkeit des Pferdes stellen müßte.

Die Strecke muß immerhin so schwer sein, daß bei Ver=
meidung von ernstlichen Unfällen — wofür ebenfalls genügende
sanitäre Maßnahmen zu treffen wären — sich greifbare Unter=
schiede für die Beurteilung ergeben und es nicht jedem beliebigem
„Ausrangierer" unter einem ungeübteren Geländereiter immer
noch möglich wird, fehlerlos über die Bahn zu kommen. Das
hieße, die Milde am unrechten Platze übertreiben. Wir wollen
und müssen doch Anforderungen stellen, die den tagtäglichen über=
legen sind und sich den im Kriege denkbaren und möglichen Lagen
nähern. Wir wollen hier das Schwere im Frieden üben, um
wenigstens des Leichten im Ernstfalle sicher zu sein. Daß die
Vorbereitungen und Mühen für die den Ritt ausarbeitende
Stelle nicht gering sind und daß auch Kosten entstehen werden,
darf nicht davon zurückhalten, in diesem überaus wichtigen und
bisher bei uns etwas stiefmütterlich behandelten Dienstzweig nun=
mehr alles Menschenmögliche zu tun, um den Vorsprung, den
andere Kavallerien uns darin voraushaben, sobald wie möglich
wieder einzuholen. Gelder für Flurschäden und sonstige Anlässe
sind reichlich genug vorhanden, um auch einmal für diese wichtige
— vielleicht wichtigste — kavalleristische Tätigkeit aufgewendet
zu werden.

Doch nun zu den Maßen der Hindernisse! Bei diesem
Kapitel werden wir gleich sehen, wie weit zurück wir mit unseren
Begriffen noch von dem sind, was in anderen Ländern als durch=
aus nichts Besonderes gilt.

Man baue hier nur einmal einige Barrieren, Baumstämme,
Straßenbarrikaden, Koppeleinfassungen, Schützengräben und andere
kriegsmäßige Hindernisse auf, die nur einen Meter fest hoch sind,
und studiere dann die allseitige Empörung! Und nun gar Draht=
zäune oder feste Stationatas, wie sie die italienische Kavallerie
tagtäglich springt, und wie sie heutzutage unzweifelhaft oft im
Kriege einer Patrouille sich in den Weg legen werden — zum

Rittmeister H. von Bohlen und Halbach
(Leib-Drag.-Regt. Nr. 20), beim Klettern eines Steilhanges.

Phot Naftedter in Karlsruhe.

Sieg oder — zur Gefangenschaft! Tableau! — (Auf dem italienschen Militär-Reit-Institut gibt es allerdings keine Reitbahnen, und in den französischen und belgischen Offizier-Reitschulen lernen die kommandierten Offiziere auf Dienstpferden, von denen viele mehr als 2 m hoch springen, Gefühl und Maßstab für Sprünge!) Und wenn man selbst noch unter das Maß eines Meters gehen will und Sprünge von 0,90 m und Gräben von nur etwa 2,50 m Breite — gewiß im Gelände nichts Außergewöhnliches — hineinnehmen will, wird man die Erfahrung machen, daß wir in Deutschland nicht allgemein derart gut eingesprungenes Pferdematerial in Offizierställen haben — und daran liegt es einzig und allein —, wie es im Interesse eines Fortschritts wohl zu wünschen wäre.

Man muß nicht glauben, daß die Offiziere der anderen Kavallerien der Welt wohlhabender als unsere seien und ganz besonders erlesenes gutes und teures englisch-irisches Huntermaterial zu ihren Raids ritten: im Gegenteil, sie geben vielleicht weniger Geld für ihre Pferde aus und haben ein um kein Jota besseres Material!

Ja, sogar die englischen Kavallerie-Offiziere, die wohl das erste und allerbeste Pferdematerial der Welt ritten, die aber im Springen auf einem ähnlichen Standpunkt wie wir Deutschen standen, versagten auf ihrer eignen Londoner Internationalen Pferdeschau in den Springkonkurrenzen völlig gegenüber den keineswegs ideal berittenen belgischen und französischen Reitern, die ebenso wie die italienischen Offiziere eben einen nicht unerheblichen, bei uns leider noch zu unbekannten Vorsprung im Reiten über Jagdhindernisse vor uns voraus haben. Das sagt und beweist wohl genug. Wir dürfen dem nicht länger mit verbundenen Augen untätig gegenüberstehen und es nicht allein dem sportlichen Unternehmungsgeist einzelner passionierter Reiter überlassen, hier Wandel zu schaffen. Es ist vielmehr die Aufgabe und die Pflicht aller Stellen, die dazu beitragen können, daraufhin zu arbeiten, daß wir in diesem kavalleristisch wie allgemein militärisch so ungemein wichtigen Dienstzweige endlich vorwärtskommen. Dazu bieten unsere Kaiserpreisritte die gegebene und beste Gelegenheit!

Der Ehrgeiz eines jeden deutschen Reiteroffiziers nach der Ehrengabe seines Allerhöchsten Kriegsherrn für die beste dienstlichreiterliche Leiftung wird und muß in obigem Sinne fördernd wirken.

Um uns einen Maßftab für mögliche Leiftungen zu geben, sei hier an den Internationalen Championat=Ritt (Militarn) des

Oblt. Frhr. v. Lindenfels (Drag. 25),
Sieger beim Stuttgarter Geländeritt, beim Passieren eines Baches.

Brüsseler Concours des letzten Mai erinnert. Dort hatten die Pferde unter anderem beim Raid zwei Galopps von je 40 Minuten im 500 Schritt=Tempo feldmarschmäßig unter mindestens 80 kg zu absolvieren, wonach je eine Prüfung über gute Hindernisse in der Concourshalle unmittelbar folgte. Anderen Tags kam dann

eine Steeplechase im 700 Schritt-Tempo, die einzeln über die
Bahn von Boits-Fort zurückzulegen war, und am Schlußtage
für dasselbe Pferd in Gegenwart des Königs — die Haupt-
springkonkurrenz, wie sie schwieriger kaum gedacht werden kann.

Dabei sah man in Brüssel kaum ein schwitzendes Pferd und
keines außer Atem und flankenschlagend!

Doch nach dieser Abschweifung zurück zu unseren Kaiser-
preisritten! Die Geländestrecke muß in einem flotten Galopp-
Tempo zurückgelegt werden und darf nicht zu kurz sein. Wer
das innerhalb der Maximalzeit nicht erreicht, zieht sich für jede
weitere angefangene Minute Strafpoints zu. Nur so hat die
Sache Sinn.

An den Hindernissen, an denen eine besondere Preisrichter-
kontrolle stattfinden soll, hätten stets je zwei, möglichst unabhängige
und objektive Richter zu stehen. Man darf dazu getrost Infanterie-
offiziere heranziehen. Nach einer kurzen Unterweisung, worauf
es ankommt, würden solche Herren, von denen es geeignete
genug gibt, die ein ausreichend klares Urteil darüber besitzen,
ihre Sache schon machen. Je mehr detailliertes „Sachverständnis"
hier vorherrscht, desto gefährlicher für eine gleichmäßige, rein
praktisch-militärische Beurteilung! — Man sollte auch hier, wie
beim Kartellverband vorgesehen, als Preisrichter möglichst Herren
von anderen Garnisonen nehmen, wie auch Herren von anderen
Waffen in der Jury früher nicht zum Nachteil der Sache tätig
waren. Diese Preisrichter hätten praktisch eingerichtete und
übersichtliche Richterkartons (s. Kartellverband) zur Hand, auf
denen nach höchstens 3 Nummern zu richten wäre. Anders
ist es viel zu schwer und gibt zu leicht zu willkürlichen Auffassungen Anlaß, wie die Erfahrung aus allen Preisrichterzetteln
stets gelehrt hat.

Besonders ist dies der Fall, wenn man den Stil des Sprunges,
Sitz und Einwirkung des Reiters dabei mitbeurteilen will. Die
Körperfigur, ja die Uniform, ebenso wie die subjektive Auffassung
des Preisrichtenden über die Art, an ein Geländehindernis heran-
zugehen und im Sprung zu sitzen, spricht allzusehr mit. Der eine
liebt renomäßiges „Anziehen" und Spannung am Zügel, ab-
gesperrte Beine und weit vornübergebeugten Rumpf, der andere

wieder will das Gesäß fest im Sattel sehen, die Beine heran-
genommen und völlige Zügelfreiheit, ein dritter verlangt hier vor-
sichtiges Anreiten, womöglich die Zügel in einer Hand und gar
hintenübergebeugten Oberkörper. Kurzum, erfahrungsgemäß geht
das Richten am besten, wenn es ganz einfach sich nur an das

Lt. v. Schnurbein (Bayr. Chevauxlegers)
beim Durchreiten eines Wasserlaufs.

Resultat wendet: glatt herüber oder nicht! Der Erfolg muß hier
allein maßgebend sein.

Abgabe von Zetteln, Numerierung, Sorge, daß ausbrechende
Reiter die nachfolgenden nicht stören, Notierung von Zeiten usw.
sind alles Maßnahmen organisatorischer Art, die hier zu weit
führen möchten. Bei schweren Hindernissen sei nur noch geraten,
durch die Art des Ausflaggens, oder — wie es beim letzten großen
Geländeritt in Hannover geschah — durch Flaggenwinken rechtzeitig anzuzeigen, ob ein Graben fliegend zu springen sei oder
geklettert werden muß. Ganz kriegsmäßig kann man diese Aus-

hilfe zwar nicht nennen, doch reitet man auch im Ernstfall rück-
sichtsloser, wenn es drauf ankommt, und es würde sonst hier beim
Ritt mancher Graben geklettert, der ebensowohl zu springen wäre.
— Sehr gut sind hier zur Korrektur einmal Gräben, die nicht
geklettert werden können, sondern gesprungen werden müssen.

So viel über die Querfeldeinstrecke, wenn sie ihrem Namen
Ehre machen soll.

Bei den Kontrollstationen, besonders nach der Geländestrecke
und dann noch einmal etwa 15 km vor dem Ziel hätten Veterinäroffiziere die Temperatur der Pferde zu nehmen und zu verhüten,
daß Pferde mit Temperaturen von 40° und mehr den Ritt als
solchen fortsetzen. — Das einfache Messen des Pulses genügt er-
fahrungsmäßig nicht, und nur das Thermometer ist hier zuverlässig.

Das gleiche hätte am Ziel zu erfolgen, wo überdies Sattel
und Bandagen abgenommen werden müssen, um die Pferde auf
Verletzungen, Lahmheiten und Druckschäden hin zu untersuchen.
Eine leichte Streichwunde kann, zumal im tiefen Boden oder beim
Gräbenklettern, leicht einmal vorkommen und schadet auch in der
Regel nichts; Druckstellen und Scheuerstellen dagegen machen zum
evtl. Weiterritt ungeeignet und müssen dementsprechend bewertet
werden. Auch am Mittag darauf sind die Pferde in gleicher
Weise, besonders auch auf nachträglich herausgekommene Lahm-
heiten, die hier nicht selten sind, zu prüfen.

Aus dem Vortraben an der Hand aber Schlüsse auf die
Frische und Leistungsfähigkeit der ankommenden Pferde zu ziehen,
ist durchaus verfehlt. Hier die Qualifikationen „sehr frisch",
„frisch" oder gar „müde" zu geben, führt stets zu den größten
Irrtümern und Ungerechtigkeiten gegen einzelne Pferde.

Dafür ist ja nach den neuen Bestimmungen die Galopp-
prüfung über Hindernisse am darauffolgenden Tage als Konditions-
probe getreten, die — richtig gehandhabt — alle nötigen Aufschlüsse geben wird. Die Pferde zeigen erfahrungsgemäß bei der
Ankunft am Ziel ein durchaus verschiedenartiges Wesen, aus dem
Schlüsse auf ihre Frische und Leistungsfähigkeit nicht zu ziehen
sind. Der kalte Vollblüter, der faule Hunter lassen sich von dem
vormusternden Soldaten unwillig am Zügel ziehen, lassen den Hals
tief hängen und sind kaum zum Traben zu bewegen. Im Galopp

unter dem Reiter würden sie aber den preußischen Schwadröner
beschämen, der hocherhobenen Schwanzes mit elevierten Tritten,
womöglich wiehernd, seinem bekannten Kasernenstall zustrebt und
dafür das Prädikat „sehr frisch und leistungsfähig" einheimst.

Abstieg in eine Kiesgrube.

Nun zum Schlusse noch ein paar Worte über die am Tage
nach dem Ritt stattfindende Galopp- und Springprüfung,
die ich neben der Querfeldeinstrecke für das Wichtigste und Aus-

schlaggebendste am ganzen Ritt im Sinne der neuen Be=
stimmungen halte. Nachdem am Vormittag die Pferde blank
und an der Hand gemustert und lahme und gedrückte, verletzte
und bisher zu schlecht zensierte Tiere ausgeschieden sind, hätte
diese Haupt= und Konditionsprüfung am Nachmittag zu erfolgen.
Diese Prüfung muß wiederum so eingerichtet sein, daß sich hier
Unterschiede scharf hervorheben. Dazu gehört ein Galopp nicht
von wenigen hundert Metern, sondern von mindestens 3000 m
im Exerziertempo. Dann wird auch jedes Überhasten vermieden,

der reiterliche Takt ge=
langt mehr zur Gel=
tung, und ein halb
durchgehendes Pferd
macht nicht etwa den
frischesten Eindruck.
Diese Prüfung darf
nicht unter dem Leit=
motiv stehen: „Ach,
die armen Tiere haben
ja gestern schon so viel
machen müssen und
könnten heute um=

Frau H. R. Sommerhoff bei der Bruchsaler
Hubertusjagd 1910.

fallen", sondern sie muß klar und scharf die Spreu von dem
Weizen sondern. Sonst sinkt diese Prüfung eben zur bedeutungs=
losen Farce herab. — Was die Preisrichter hier betrifft, so
kann man sich bei dem beschränkten Raum, auf dem die Prüfung
stattzufinden hätte (großer Reitplatz eines Kav.=Rgts.), auf
wenige, aber qualitativ nicht sorgfältig genug auszuwählende
Richter beschränken. Hier muß genau analog einer modernen
Springkonkurrenz gerichtet werden. Die Prüfung im Springen
wird dadurch hier leichter, daß die Hindernisse nicht so rasch auf=
einanderfolgen, als auf dem Concoursring. Hier ist anstandslos
1 m feste Höhe zu verlangen und mindestens 12 Sprünge. Das
ist nicht zu viel verlangt nach 80 km tags zuvor. Natürlich
müßten hier alle Arten von Sprüngen, wie sie in Wirklichkeit
auch vorkommen, und auch Gehorsams= und Rittigkeitsprüfungen
vertreten sein. Leichte kleine „Kommißhürden" gehören natürlich

nicht in dieses Repertoire. Diese Art von Hindernissen, über deren Wert bei Rennen man schon problematisch denkt, gehören — außer vielleicht zum Einspringen der jüngsten Remonten in der Bahn — überhaupt nicht in ein Kavalleriekasernement. Hier sind 3—4 m=Gräben und Doppelsprünge, feste Mauern, Draht= und Bretterzäune, Wälle und dichte Hecken am Platz. Ein nicht auf alle diese Erfordernisse der modernen kavalleristischen Richtung sorgfältig vorbereitetes Pferd darf nicht in der Lage sein, diese Prüfungen und damit den Kaiserlichen Ehrenpreis zu gewinnen.

Gelangen wir endlich und überall zu den hier angedeuteten Auffassungen und Zielen, so wird die neue Fassung der Kaiserritt= Propositionen zu einem Fortschritt unserer Reiterei gegenüber den Leistungen unserer Nachbarn führen.

Nachtritte.

ie Nacht ist keines Menschen Freund, am allerwenigsten eines solchen, der um die Stunde der Gespenster den merkwürdigen Ehrgeiz zeigt, sich auf verschwiegenen Waldpfaden oder ausgefahrenen Feldwegen hoch zu Roß umherzutreiben, anstatt wie andere ehrsame Bürgersleute dem Schlaf des Gerechten obzuliegen.

Indessen es gibt auch derlei Käuze.

Seit jenen englischen Kavallerieoffizieren, die im überzogenen Nachthemd, die Zipfelmütze auf dem Haupt, die ersten Kirchturmrennen (Steeplechases d. h. von Turm zu Turm bei Mondschein in direkter Linie ritten (die „die Nachtreiter" darstellenden Sportbilder sind weit bekannt), ist dieser halsbrecherische Sport oft wiederholt worden, wo tatendurstige junge (und auch ältere) Reitersleute zu später Stunde vergnügt zusammen gewesen waren.

Oberst Frhr. v. Redwitz,
Kommandeur der bayer. Militär-Reitschule auf Wit im Gelände.

Aber auch abgesehen von solchen feuchtfröhlichen Scherzen gibt es noch eine Sorte von Nachtritten, die nämlich der militärischen Orientierungsfähigkeit dienen soll, und zu denen Kavallerie- und alle sonstigen Offiziere, die in die Lage kommen könnten, im Kriege Befehle während der

Nacht überbringen zu müssen, herangezogen werden. Eine gewisse Berühmtheit erlangten diese nächtlichen Ritte beim 16. Armeekorps unter dem Grafen Haeseler, wo selbst die ältesten Kapitäns der Infanterie zum Kummer der trauernd hinterbliebenen Frau Gemahlin des Nachts in Bewegung gesetzt wurden.

Lt. de Olivieira (Argentin. Kav.) auf Biz Cacha.

Entweder waren die Ritte sogen. Begegnungsritte, wobei sich zwei Herren — oft aus verschiedenen Garnisonen — auf schwierigen Nebenwegen treffen und Befehle austauschen mußten, oder es waren anderweitige Kontrollstationen zu passieren, bei denen Meldekarten abzuholen oder abzugeben waren. Die Ritte waren in einem bestimmten Tempo zurückzulegen und verschieden in der Distanz. Oft auch war an einem markanten Punkt im Gelände, in einem hohlen Baum, unter einem losen Stein einer Mauer usw. die Meldekarte mit dem Auftrag verborgen, die erst gefunden und geholt werden mußte.

Dazu fanden diese Ritte meist im Winter, bei Eis und Schnee und — ausgerechnet — in den dunkelsten Nächten statt.

Von der Schwierigkeit der Ausführung, von den unvorhersehbaren Aufenthalten und Hemmnissen macht sich nur der einen Begriff, der diese Ritte selbst mitgemacht hat.

Steilhang (Tor di Quinto).

Frau Fama erzählt von den erfinderisch- sten Hilfsmitteln, die angewandt wurden, um den Zweck zu er- reichen: von der um- gehängten Kuhglocke angefangen bis zur abgeschossenen Leuchtrakete!

In der Tat ist die Geschichte absolut nicht so einfach, wie sie manchem erschei- nen mag.

Wer nicht in kum- mervollen Nächten selbst erlebt, wie der Weg plötzlich auf- hört, wer im Walde nicht einmal an der Lichtung der (zusam- mengewachsenen Tannen-) Baumkro- nen, Weg und Rich- tung erkennen konnte, wer nicht vor einem dünn zugefrorenen breiten Wasserlauf stand, dessen morscher schmaler Steg nicht für Pferde zu passieren war, wer nicht schon in einem winkligen Dorf verzweifelt umhergeirrt ist, um den richtigen Ausgang zu finden

(kein Bauer läßt sich natürlich wecken!), wer nicht im freien
Felde, mit der nur matt leuchtenden Röhre oder halbausgehenden
Laterne in der Stockfinsternis auf dem Boden kriechend, der
Wagenspur nachgeschlichen ist, um den Weg nicht zu verlieren,
wer nicht schon plötzlich unsanft gegen irgendein boshaftes Etwas
gegengerannt ist, was sich in den Weg stellte, nicht schon samt
Pferd in einen nicht erkennbaren Graben gefallen ist — der kennt

Vom Internationalen Concours hippique in Turin 1901,
Koppelrick.

sie nicht, alle die Stufen menschlicher Verzweiflung, die herz-
erleichternden Stoßseufzer und Flüche, aber auch die innere Be-
friedigung nach glücklich gelöstem Auftrag. Energie, zähe, harte
Willenskraft, sicheres Selbstvertrauen ist notwendig, um da nicht
zu verzagen, das Rennen nicht aufzugeben und endlich doch das
gesteckte Ziel zu erreichen. Schwierigkeiten gibt es nicht, die nicht
überwunden werden könnten. Auf irgendeine Art ist immer alles
möglich. Rezepte dafür kann man aber nicht geben. Einige
Winke nur: 1. Bequeme Stiefel, denn man wird stets viel absitzen
und führen müssen; 2. Windstreichhölzer oder elektrische Leucht-

röhre zum Kartenlesen; 3. an Wegweisern und Merkpunkten stets sich wieder orientieren, selbst wenn man seiner Sache sicher zu sein glaubt; 4. keine ständig brennende Laterne. Die Pferde sehen dann — geblendet — erst recht nichts (eine Bätterie am Vorderzeug wird von Einzelnen trotzdem gelobt); 5. in zweifelhaften Fällen dem Pferde alles überlassen, es nicht antreiben, wenn es stutzt, sondern lieber absitzen und den Grund dieses Stutzens

Einzug der Vertreter Deutschlands in die Arena beim Internationalen Concours hippique von Turin 1901.
(Vorne der siegreiche Rittmeister Frhr. Adolf v. Holzing-Berstett †
(21. Dragoner) auf Muntham.

erforschen; 6. auf der Chaussee vorwärtsreiten, auf kleineren Wegen verliert man nachher immer Zeit; 7. in zweifelhaften Fällen im Winter lieber Stollen. Draußen auf dem Lande ist es meist viel glatter, als in der Nähe der Stadt. Gefallener Rauhreif kann stellenweise unter Bäumen sehr glatt werden; 8. Vorher genau Karte studieren, eventl. Situationsskizze anfertigen. (Wegeabzweigungen), um dann möglichst ohne Karte auszukommen; 9. Orientierung oft nach Nordstern oder auch Licht eines abseits liegenden Dorfes usw. möglich; 10. stets in der Mitte der Wege reiten, um nicht über Steinhaufen usw. zu fallen; 11. Kreuz und Beine beim Reiten gut gebrauchen, um nicht zu fallen, wenn das Pferd stolpert; 12. stets absitzen und führen, wo die Sache „mulmig" erscheint.

Im übrigen macht auch hier Übung den Meister. Man darf nicht ohne weiteres annehmen, daß das alles sich vorkommendenfalls schon von selber macht. Im Kriege werden wohl oft die unglaublichsten Situationen an den nächtlichen Reiter herantreten; dann kommt die Friedensausbildung, die jetzt vielleicht manchmal unser Lächeln hervorruft, sehr zugute, und man wird ihr dankbar sein. Es entspricht durchaus dem kriegsmäßigen Charakter der Kaiserpreisritte, einen Teil davon in die Dunkelheit zu verlegen. Auch bei anderen größeren Raids oder Etappenritten ist das immerhin möglich. —

Also: bonne chance! (zu deutsch: Hals- und Beinbruch!)